80 alte und neue Strickmuster

Mit Stricktafeln
Bearbeitet von Gerda Frankl

frech-verlag
GmbH + Co. Druck KG Stuttgart
Druck: Frech Stuttgart

Auflage: 4. 3. 2. 1. | Letzte Zahlen
Jahr: 1986 85 84 83 | maßgebend

ISBN 3 7724 0606 8 · Best.-Nr. 877

Inhaltsverzeichnis

Strickschrift

Durch diese Strickschrift werden uns viele schöne Muster nahegebracht, die sich sehr leicht stricken lassen; denn jede Stricktafel gibt uns schon durch die klare Zusammenfügung der Schreibmaschinenzeichen ein Bild von dem zu strickenden Muster.

O = rechts, glatt, schlicht

– = links, verkehrt, kraus

8 = verschränkt, verdreht, englisch

/ = umschlagen, umschlingen

2 = 2 Maschen links zusammenstricken

3 = 3 Maschen links zusammenstricken

X = 2 Maschen rechts zusammenstricken

D = 3 Maschen rechts zusammenstricken

°/° = 2 und 2 Maschen kreuzen

oo/oo = 2 und 2 Maschen kreuzen

oo\oo = 2 und 2 Maschen kreuzen

ooo ooo = 3 und 3 Rechtsmaschen miteinander kreuzen

8 X 8 = 1. Masche abheben auf Hilfsnadel nach hinten

– X 8 = 2. Masche stricken, Hilfsnadel abstricken

8 X 8 = 1. Masche abheben auf Hilfsnadel nach vorn

8 X – = 2. Masche stricken, Hilfsnadel abstricken

V = 2 Maschen verdr. zusammenstricken

E = 3 Rechtsmaschen verdr. zusammenstricken

4 = 4 Rechtsmaschen zusammenstricken

H = in die Fäden der vorherigen Fallmaschen von unten einstecken und wieder eine neue Rechtsmasche stricken

A = Rechtsmasche neu aufschlagen

-/- = Umschlag aus der vorherigen Reihe fallen lassen und neu aufschlagen

8>-<8 = 1 Rechtsm. nach vorn auf Hilfsnadel, 1. Linksm. nach hinten auf Hilfsnadel, 2. Rechtsm. stricken, 1. Linksm. stricken, 1. Rechtsm. stricken

¯_ _/¯ = steht immer zwischen 2 Maschen, die miteinander gekreuzt werden.

¯_ = nach rechts drüber ziehen

_/¯ = nach links drüber ziehen

Wir lesen die Muster von unten nach oben ab. Wichtig ist beim Ablesen die Berücksichtigung der Kehrseite der Strickarbeit, die sich ja in Wirklichkeit anders zeigt als auf der zeichnerischen Darstellung. Das Stricken in der Runde – Strümpfe – ist anders als das Flachstricken für Decken usw.

Strickanleitung

Bei jeder **Stricktafel beginnt** man mit dem Stricken **rechts unten** und strickt dann von rechts nach links und von unten nach oben.

Rundstricken:

Beim Rundstricken hat man immer die Vorderseite der Arbeit vor sich. Das Muster ist leicht zu übersehen und die Maschen bleiben in der gleichen Lage. **Wir stricken also Gang für Gang von rechts nach links.**

Flachstricken:

Wir stricken den 1. Gang von rechts nach links, ebenso den 3., den 5. usw. Der 2. Gang, der 4., der 6. Gang muß von links nach rechts abgelesen und gestrickt werden. Dabei ist zu beachten, daß Maschen, die auf der Vorderseite glatt erscheinen sollen, auf der Rückseite glatt gestrickt werden.

Lückenstricken:

Die Grundlage des Lückenstrickens ist der Umschlag. Beim Umschlingen muß der Faden mit der Stricknadel so gefaßt werden, daß er nach links geneigt auf der Nadel liegt. Aus dem Umschlag wird beim Zwischengang (so nennt man das Darüberstricken in der nächsten Reihe) eine neue Masche.

Achtung! Bei fast allen Lückenmustern finden wir den Satz: *„Jeder Musterreihe folgt eine Zwischenreihe, die so gestrickt wird, wie sich die Maschen zeigen“.* Dieser Satz bedeutet, daß jedem Mustergang oder Musterreihe ein einfaches Darüberstricken folgen muß, damit aus dem Umschlag eine neue Masche entsteht, gleich ob wir rundstricken oder flachstricken. Musterreihe ist eine waagerechte Reihe der Stricktafel. Die Zwischenreihe ist nicht aufgezeichnet oder nur bei wenigen Mustern und dann besonders erwähnt.

Umgrenzte Zeichen: [ ] O
Die eingeklammerten Zeichen gelten nur für eine offene Strickarbeit, wie Pulloverteile, Decken usw. Sie sind Randmaschen, die das Muster ausgleichen, damit ein glatter Rand entsteht.
Beim Rundstricken fallen sie fort. An ihrer Stelle treten dann die Zeichen in den daneben stehenden Kreisen.

Namen der Strickmuster:
Sehr viele Muster entstammen den Volkskundemuseen Österreichs und der Steiermark. Ihre Namen wurden uns aus Ur- und Großmutters Tagen überliefert in ihrer unverfälscht mundartlichen Sprache. Wir Enkel haben darum nicht das Recht, diese umzubenennen, sondern sollten die alte Volkskunst weiter pflegen und fördern.
Muster heißt mundartlich M o d e l und nicht Modell. Ein Modell – sagt der Maler.

Blumenkranz

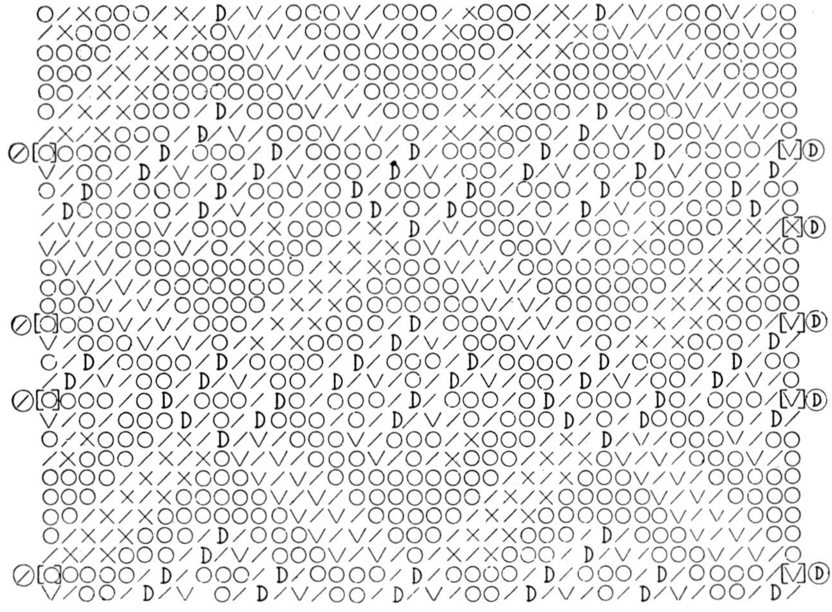

Jeder Musterreihe folgt eine Zwischenreihe, die so gestrickt wird, wie sich die Maschen zeigen. Umgrenzte Zeichen (Einklammerung und Kreis) siehe Strickanleitung Seite 5.

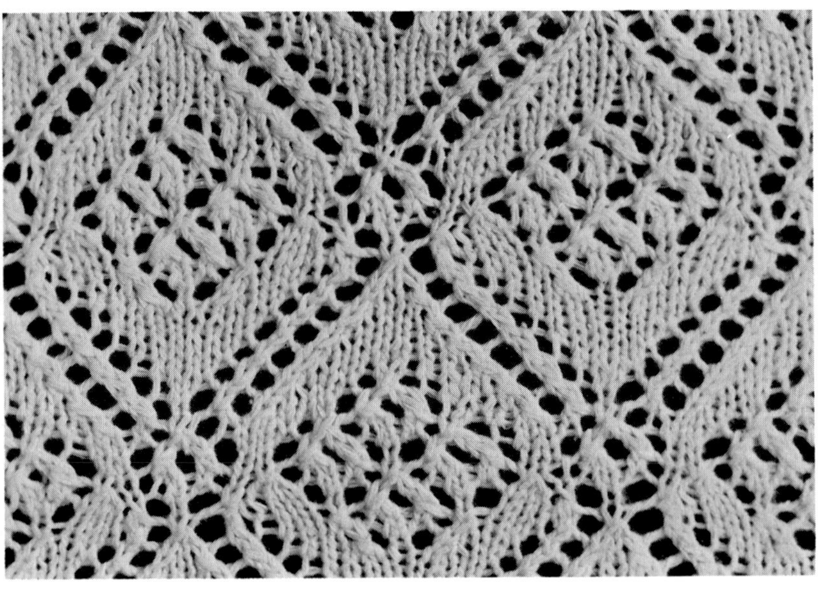

Drahdi als Flächenmuster

```
○/——————/○×V○/——————/○×V
○○/———/○○2 2○○/———/○○22
2○○/—/○○2——2○○/—/○○2——
——○○/○○2——————○○/○○2———
——%%%%——2/———%%%%——2/—
2—○○○○—2/—/2—○○○○—2/—/
——%%%%——2/———%%%%——2/—
—/○×V○/——————/○×V○/—————
/○○2 2○○/———/○○2 2○○/———
○○2——2○○/—/○○2——2○○/—/
○2——————○○/○○2——————○○/○
——2/———%%%%——2/———%%%%
—2/2/2—○○○○—2/—/2—○○○○
——2/———%%%%——2/———%%%%
```

Jeder Musterreihe folgt eine Zwischenreihe, die so gestrickt wird, wie sich die Maschen zeigen.

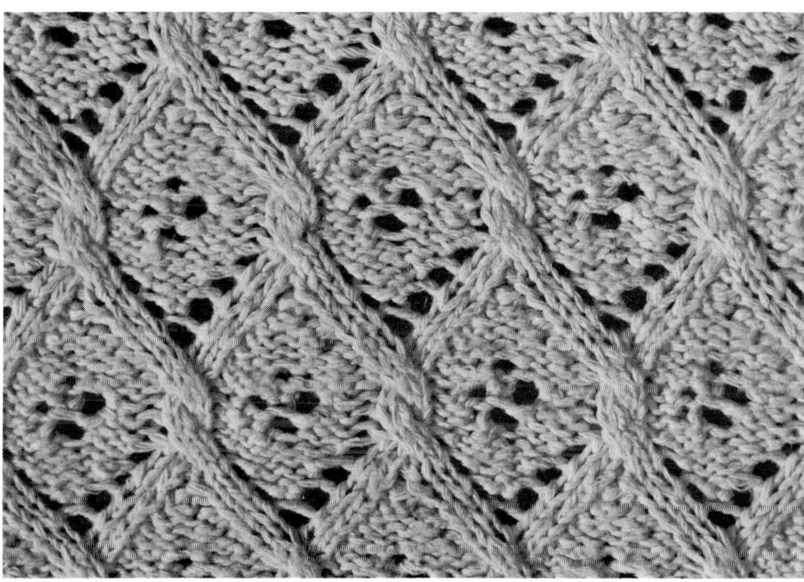

Lochspinne

```
OOOOOV/O/D/OOO/D/O/XOOOOOOOOOV/O/D/OOO/D/O/XOOOOO
OOOOOOO/D/V/O/D/V/OOOOOOOOOOOOO/D/V/O/D/V/OOOOOOO
OOOOOOOV/OOO/D/OOO/XOOOOOOOOOOOOOV/OOO/D/OOO/XOOOOOOO
OOOOOOOV/O/D/V/O/XOOOOOOOOOOOOOV/O/D/V/O/XOOOOOOO
OOOOOOOO/D/OOO/D/OOOOOOOOOOOOOOO/D/OOO/D/OOOOOOOO
OOOOOOO/D/V/O/D/V/OOOOOOOOOOOOO/D/V/O/D/V/OOOOOOO
OOOOOOX/OOO/D/OOO/VOOOOOOOOOOOX/OOO/D/OOO/VOOOOOO
OOOOOO/D/O/XOV/O/D/OOOOOOOOOOO/D/O/XOV/O/D/OOOOOO
OOOOO/D/V/OOOOO/D/V/OOOOOOOOO/D/V/OOOOO/D/V/OOOOO
OOOOX/OOO/XOOOV/OOO/VOOOOOOOX/OOO/XOOOV/OOO/VOOOO
OOOO/D/O/XOOOOOV/O/D/OOOOOOO/D/O/XOOOOOV/O/D/OOOO
OOO/D/V/OOOOOOOOO/D/V/OOOOO/D/V/OOOOOOOOO/D/V/OOO
OOX/OOO/XOOOOOOOV/OOO/VOOOX/OOO/XOOOOOOOV/OOO/VOO
OO/D/O/XOOOOOOOOOV/O/D/OOO/D/O/XOOOOOOOOOV/O/D/OO
O/D/V/OOOOOOOOOOOOO/D/V/O/D/V/OOOOOOOOOOOOO/D/V/O
D/OOO/XOOOOOOOOOOOV/OOO/D/OOO/XOOOOOOOOOOOV/OOO/D
/V/O/XOOOOOOOOOOOOOV/O/D/V/O/XOOOOOOOOOOOOOV/O/D/
OO/D/OOOOOOOOOOOOOOO/D/OOO/D/OOOOOOOOOOOOOOO/D/OO
O/D/V/OOOOOOOOOOOOO/D/V/O/D/V/OOOOOOOOOOOOO/D/V/O
D/OOO/VOOOOOOOOOOOX/OOO/D/OOO/VOOOOOOOOOOOX/OOO/D
OV/O/D/OOOOOOOOOOO/D/O/XOV/O/D/OOOOOOOOOOO/D/O/XO
OOO/D/V/OOOOOOOOO/D/V/OOOOO/D/V/OOOOOOOOO/D/V/OOO
OOV/OOO/VOOOOOOOX/OOO/XOOOV/OOO/VOOOOOOOX/OOO/XOO
OOOV/O/D/OOOOOOO/D/O/XOOOOOV/O/D/OOOOOOO/D/O/XOOO
OOOOO/D/V/OOOOO/D/V/OOOOOOOOO/D/V/OOOOO/D/V/OOOOO
OOOOV/OOO/VOOOX/OOO/XOOOOOOOV/OOO/VOOOX/OOO/XOOOO
OOOOOV/O/D/OOO/D/O/XOOOOOOOOOV/O/D/OOO/D/O/XOOOOO
OOOOOOO/D/V/O/D/V/OOOOOOOOOOOOO/D/V/O/D/V/OOOOOOO
```

Jeder Musterreihe folgt eine Zwischenreihe, die so gestrickt wird, wie sich die Maschen zeigen.

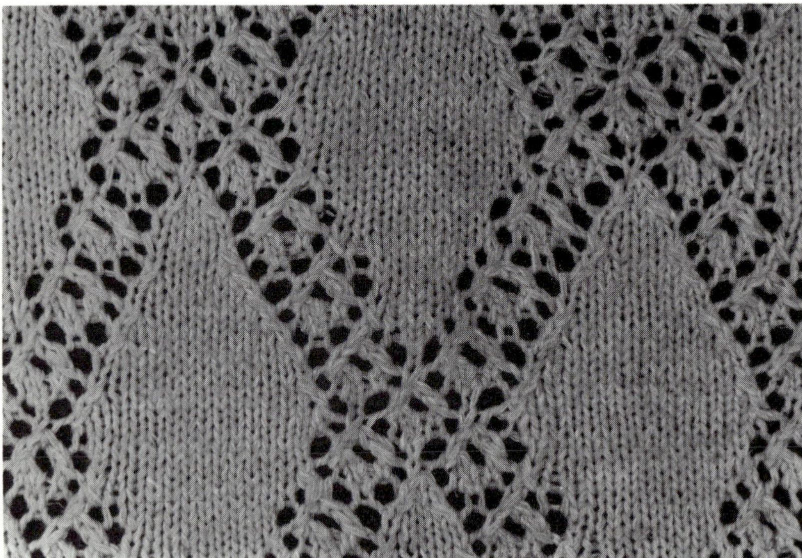

Die hohe Leiter

```
OOV/V/V/OO--OO--OOV/V/V/OO--OO--
OO-V/V/V/O--OO--OO-V/V/V/O--OO--
OO--V/V/V/--OO--OO--V/V/V/--OO--
OO--OV/V/V/-OO--OO--OV/V/V/-OO--
OO--OOV/V/V/OO--OO--OOV/V/V/OO--
OO--OO-V/V/V/O--OO--OO-V/V/V/O--
OO--OO--V/V/V/--OO--OO--V/V/V/--
OO--OO--OV/V/V/-OO--OO--OV/V/V/-
OO--OO--OOV/V/V/OO--OO--OOV/V/V/
OO--OO--OO-V/V/V/O--OO--OO-V/V/O
V/--OO--OO--V/V/V/--OO--OO--V/V/
OV/-OO--OO--OV/V/V/-OO--OO--OV/O
V/V/OO--OO--OOV/V/V/OO--OO--OOV/
/V/V/O--OO--OO-V/V/V/O--OO--OO-O
V/V/V/--OO--OO--V/V/V/--OO--OO--
OV/V/V/-OO--OO--OV/V/V/-OO--OO--
OOV/V/V/OO--OO--OOV/V/V/OO--OO--
OO-V/V/V/O--OO--OO-V/V/V/O--OO--
OO--V/V/V/--OO--OO--V/V/V/--OO--
OO--OV/V/V/-OO--OO--OV/V/V/-OO--
OO--OOV/V/V/OO--OO--OOV/V/V/OO--
OO--OO--V/V/V/O--OO--OO-V/V/V/O--
OO--OO--V/V/V/--OO--OO--V/V/V/--
```

Sehr schöne Schrägstreifen, die sich beliebig verbreitern lassen. Jeder Musterreihe folgt eine Zwischenreihe, die so gestrickt wird, wie sich die Maschen zeigen.

Die Äher (Ähre)

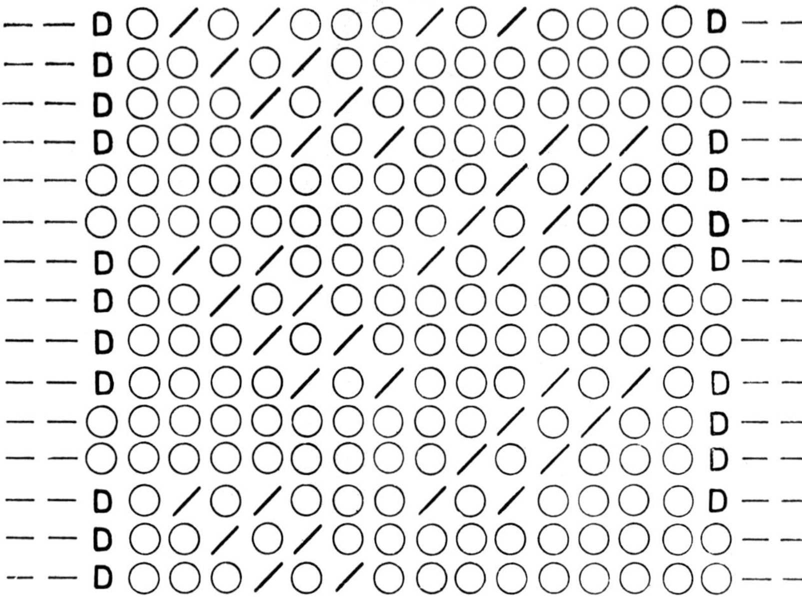

Jeder Musterreihe folgt eine Zwischenreihe, die so gestrickt wird, wie sich die Maschen zeigen.

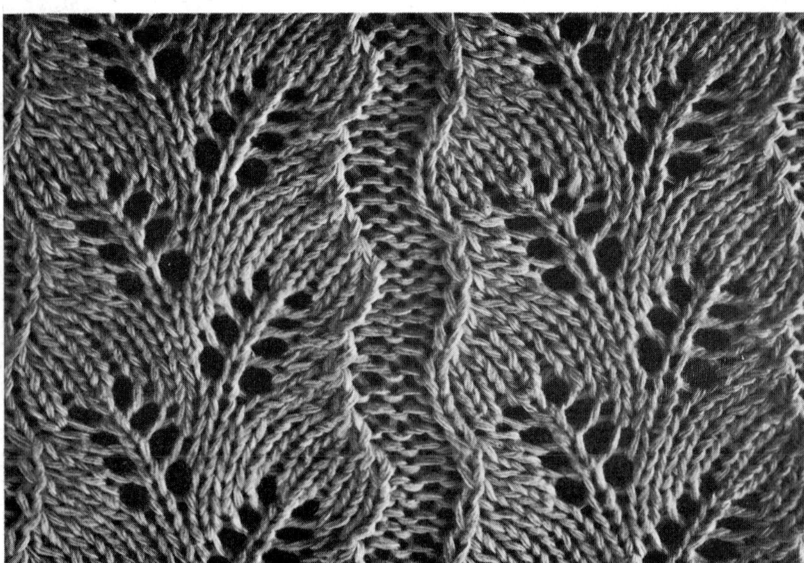

Pfauenfeder versetzt

```
    O------OOOOOOOOOOOOO------O
   •O------4/O/O/O/O/O/4------O•
    O------OOOOOOOOOOOOO------O
    4------4/O/O/O/O/O/4------4
OOOOOOOOOOOOO------OOOOOOOOOOOOO
4/O/O/O/O/O/4------4/O/O/O/O/O/4
OOOOOOOOOOOOO------OOOOOOOOOOOOO
•O/O/O/O/O/O/4------4/O/O/O/O/O/O•
    O------OOOOOOOOOOOOO------O
   •O------4/O/O/O/O/O/4------O•
    O------OOOOOOOOOOOOO------O
    4------4/O/O/O/O/O/4------4
OOOOOOOOOOOOO------OOOOOOOOOOOOO
4/O/O/O/O/O/4------4/O/O/O/O/O/4
OOOOOOOOOOOOO------OOOOOOOOOOOOO
•O/O/O/O/O/O/4------4/O/O/O/O/O/O•
    O------OOOOOOOOOOOOO------O
   •O------4/O/O/O/O/O/4------O•
    O------OOOOOOOOOOOOO------O
    4------4/O/O/O/O/O/4------4
OOOOOOOOOOOOO------OOOOOOOOOOOOO
4/O/O/O/O/O/4------4/O/O/O/O/O/4
OOOOOOOOOOOOO------OOOOOOOOOOOOO
•O/O/O/O/O/O/4------4/O/O/O/O/O/O•
```

Alle Maschen, neben denen ein schwarzer Punkt steht, werden nur am Beginn und am Ende einer Strickarbeit rechts gestrickt, damit ein glatter Rand entsteht. Beim Weiterstricken und beim Rundstricken tritt an Stelle der Rechtsmasche eine 4. Jeder Musterreihe folgt eine Zwischenreihe, die so gestrickt wird, wie sich die Maschen zeigen.

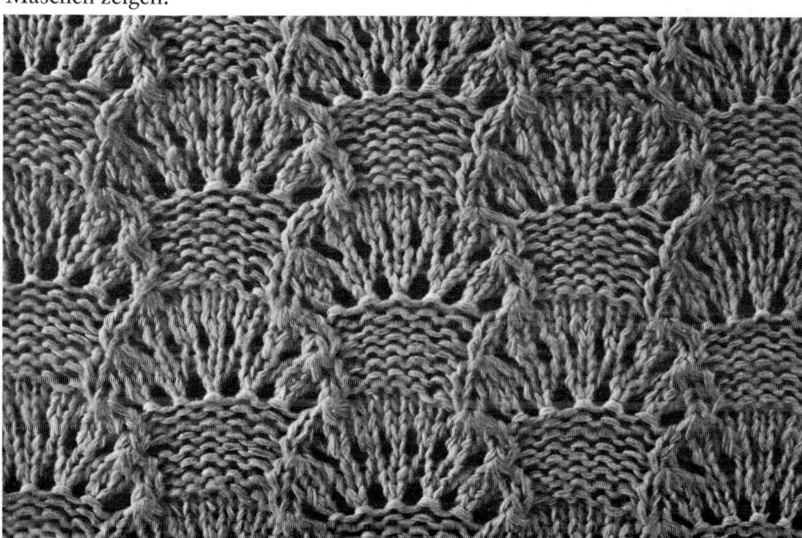

Die Pfauenfeder

```
–OOOOOOOOOOOOO––OOOOOOOOOOOOO–
–4/O/O/O/O/O/4––4/O/O/O/O/O/4–
–OOOOOOOOOOOOO––OOOOOOOOOOOOO–
–4/O/O/O/O/O/4––4/O/O/O/O/O/4–
–OOOOOOOOOOOOO––OOOOOOOOOOOOO–
–4/O/O/O/O/O/4––4/O/O/O/O/O/4–
–OOOOOOOOOOOOO––OOOOOOOOOOOOO–
–4/O/O/O/O/O/4––4/O/O/O/O/O/4–
–OOOOOOOOOOOOO––OOOOOOOOOOOOO–
–4/O/O/O/O/O/4––4/O/O/O/O/O/4–
–OOOOOOOOOOOOO––OOOOOOOOOOOOO–
–4/O/O/O/O/O/4––4/O/O/O/O/O/4–
–OOOOOOOOOOOOO––OOOOOOOOOOOOO–
–4/O/O/O/O/O/4––4/O/O/O/O/O/4–
–OOOOOOOOOOOOO––OOOOOOOOOOOOO–
–4/O/O/O/O/O/4––4/O/O/O/O/O/4–
–OOOOOOOOOOOOO––OOOOOOOOOOOOO–
–4/O/O/O/O/O/4––4/O/O/O/O/O/4–
–OOOOOOOOOOOOO––OOOOOOOOOOOOO–
–4/O/O/O/O/O/4––4/O/O/O/O/O/4–
```

Jeder Musterreihe folgt eine Zwischenreihe, die so gestrickt wird, wie sich die Maschen zeigen.

Garbenmuster

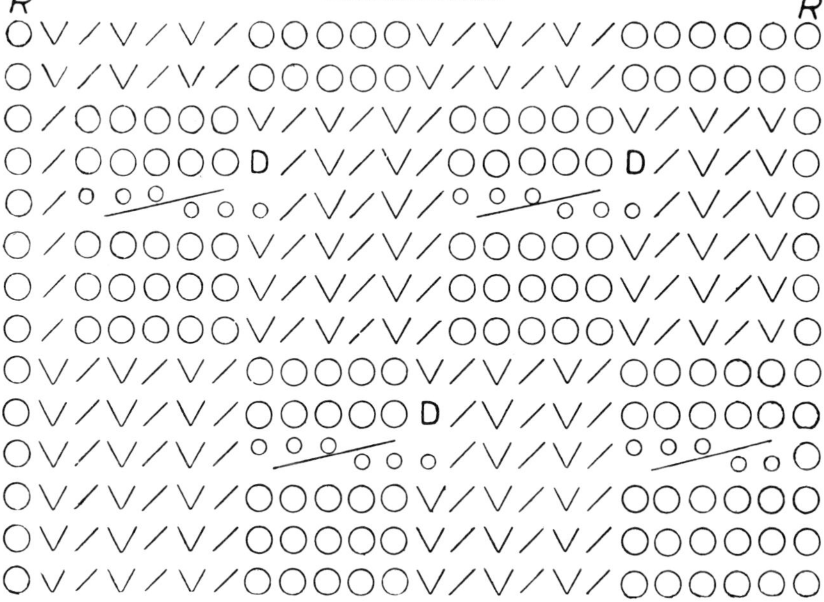

= Die ersten 3 Rechtsmaschen auf Hilfsnadel abheben nach vorn. Die nächsten 3 Rechtsmaschen stricken. Hilfsnadel abstricken. Jeder Musterreihe folgt eine Zwischenreihe, die so gestrickt wird, wie sich die Maschen zeigen. R bedeutet: Die senkrechten Musterreihen sind Randmaschen, sie werden nur am Anfang und Ende einer Strickarbeit gestrickt als Ausgleich des Musters. Beim Rundstricken fallen sie fort.

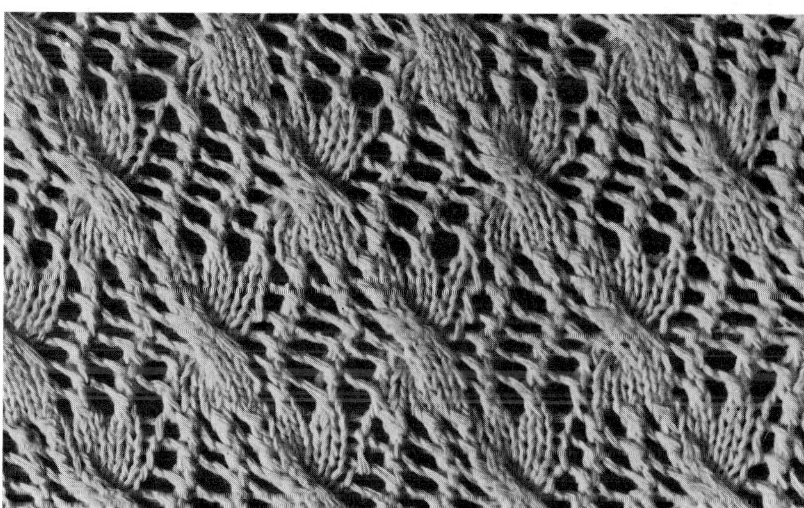

Jungfernkranz

```
OOO  XOOO//////OOOV  OOO
OOO  X   --------   V  OOO
OOO  X  ----------  V  OOO
OOO  XOOOOOOOOOOOOV  OOO
OOOXOO/O/O/O/O/O/OVOOO
OOO  XOO  OOOOOO  OOV  OOO
OOO  XOOO//////OOOV  OOO
OOO  X   --------   V  OOO
OOO  X  ----------  V  OOO
OOO  XOOOOOOOOOOOOV  OOO
OOOXOO/O/O/O/O/O/OVOOO
OOO  XOO  OOOOOO  OOV  OOO
OOO  XOOO//////OOOV  OOO
```

Ohne Zwischenreihen stricken. Jede Nadel mustern. Zur Arbeitserleichterung nimmt man statt des sechsmaligen Umschlags 6 Maschen neu auf. Dieses Muster eignet sich gut für das Stricken von Knopflöchern.

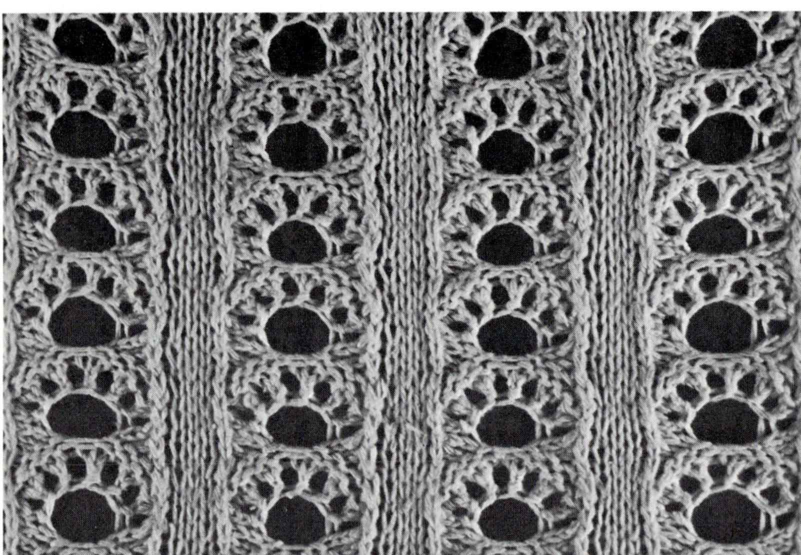

Spannfadenherz

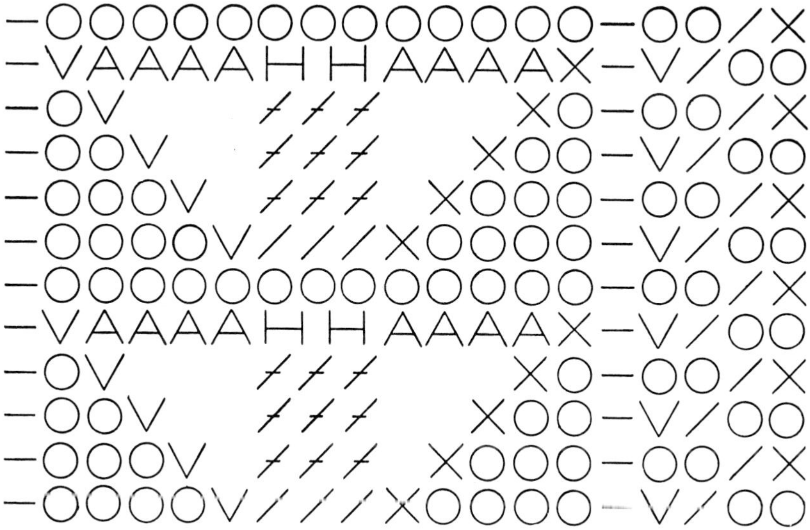

Ohne Zwischenreihen stricken. Auf jeder Nadel mustern. Die Spannfäden entstehen durch das wiederholte Fallenlassen des vorherigen Umschlags. Auf gleichmäßigen Umschlag achten.

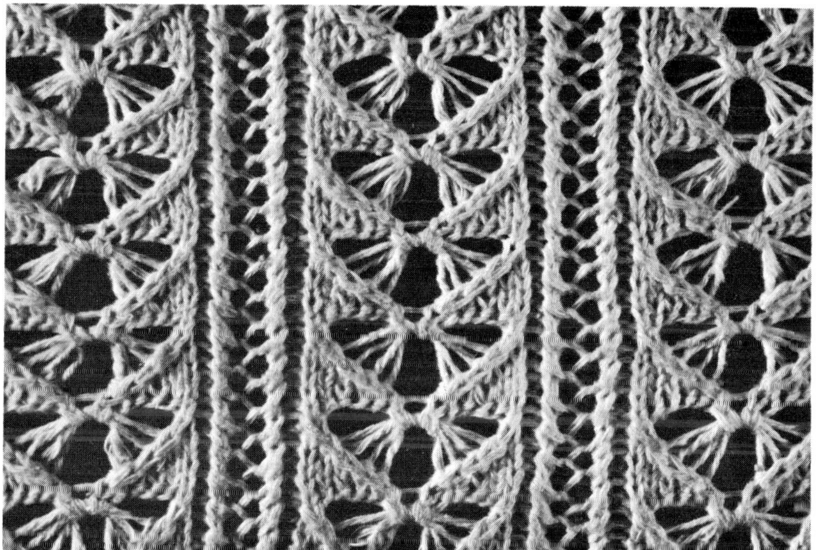

Geteilter Schuppenmodel

–VOOO/O/OOOX–VOOO/O/OOOX–
–OVOO/O/OOXO–OVOO/O/OOXO–
–OOVO/O/OXOO–OOVO/O/OXOO–
–OOOV/O/XOOO–OOOV/O/XOOO–
–VOOO/O/OOOX–VOOO/O/OOOX–
–OVOO/O/OOXO–OVOO/O/OOXO–
–OOVO/O/OXOO–OOVO/O/OXOO–
–OOOV/O/XOOO–OOOV/O/XOOO–
–VOOO/O/OOOX–VOOO/O/OOOX–
–OVOO/O/OOXO–OVOO/O/OOXO–
–OOVO/O/OXOO–OOVO/O/OXOO–
–OOOV/O/XOOO–OOOV/O/XOOO–
–VOOO/O/OOOX–VOOO/O/OOOX–
–OVOO/O/OOXO–OVOO/O/OOXO–
–OOVO/O/OXOO–OOVO/O/OXOO–
–OOOV/O/XOOO–OOOV/O/XOOO–

Jeder Musterreihe folgt eine Zwischenreihe, die so gestrickt wird, wie sich die Maschen zeigen.

Bäumchen

X / V / V / V / O / V X / V / V / V / O / V
X O / V / V / O / O V X O / V / V / O / O V
X O O / V / O / O O V X O O / V / O / O O V
X O O O / O / O O O V X O O O / O / O O O V
X / V / V / V / O / V X / V / V / V / O / V
X O / V / V / O / O V X O / V / V / O / O V
X O O / V / O / O O V X O O / V / O / O O V
X O O O / O / O O O V X O O O / O / O O O V
X / V / V / V / O / V X / V / V / V / O / V
X O / V / V / O / O V X O / V / V / O / O V
X O O / V / O / O O V X O O / V / O / O O V
X O O O / O / O O O V X O O O / O / O O O V
X / V / V / V / O / V X / V / V / V / O / V
X O / V / V / O / O V X O / V / V / O / O V
X O O / V / O / O O V X O O / V / O / O O V
X O O O / O / O O O V X O O O / O / O O O V

Jeder Musterreihe folgt eine Zwischenreihe, die so gestrickt wird, wie sich die Maschen zeigen.

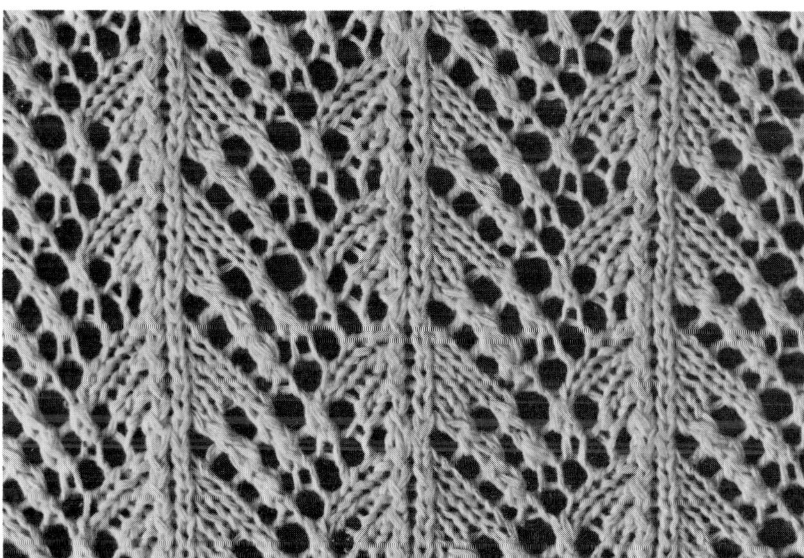

Herzerl und kleine Streifenwanzen

/ X V / O O O / X V / O O O O O O O O O O O O O

/ X O O / D / O O V / O O O / D / O / D / O O O

/ X V / O O O / X V / O V / O O V / O O O / X O

/ X O O / D / O O V / O O V / O O O O O / X O O

/ X V / O O O / X V / O O O V / O O O / X O O O

/ X O O / D / O O V / O O O O V / O / X O O O O

/ X V / O O O / X V / O O O O O V / O O O O O O

/ X O O / D / O O V / O O O O O O O O O O O O O

/ X V / O O O / X V / O O O / D / O / D / O O O

/ X O O / D / O O V / O V / O O V / O O O / X O

/ X V / O O O / X V / O O V / O O O O O / X O O

/ X O O / D / O O V / O O O V / O O O / X O O O

/ X V / O O O / X V / O O O O V / O / X O O O O

/ X O O / D / O O V / O O O O O V / O O O O O O

Jeder Musterreihe folgt eine Zwischenreihe, die so gestrickt wird, wie sich die Maschen zeigen.

Siebenbürger Strumpfrandmuster

```
OOOOOO/ VX/OOOOOOOOOOOO/VX/OOOOOO
OOOOO/O VXO/OOOOOOOOOO/OVXO/OOOOO
OOOO/OO VXOO/OOOOOOOO/OOVXOO/OOOO
OOO/OOO VXOOO/OOOOOO/OOOVXOOO/OOO
OO/OOOO VXOOOO/OOOO/OOOOVXOOOO/OO
O/OOOOO VXOOOOO/OO/OOOOOVXOOOOO/O
/OOOOOO VXOOOOOO//OOOOOOVXOOOOOO/
- - - - - - - - - - - - - - - - - - - - - - - - - - - - - - - -
O/OOOOOOOOOOOO/VX/OOOOOOOOOOOO/O
OO/OOOOOOOOOO/OVXO/OOOOOOOOOO/OO
OOO/OOOOOOOO/OOVXOO/OOOOOOOO/OOO
OOOO/OOOOOO/OOOVXOOO/OOOOOO/OOOO
OOOOO/OOOO/OOOOVXOOOO/OOOO/OOOOO
OOOOOO/OO/OOOOOVXOOOOO/OO/OOOOOO
OOOOOOO//OOOOOOVXOOOOOO//OOOOOOO
- - - - - - - - - - - - - - - - - - - - - - - - - - - - - - - -
OOOOOO/ VX/OOOOOOOOOOOO/VX/OOOOOO
OOOOO/O VXO/OOOOOOOOOO/OVXO/OOOOO
OOOO/OO VXOO/OOOOOOOO/OOVXOO/OOOO
OOO/OOO VXOOO/OOOOOO/OOOVXOOO/OOO
OO/OOOO VXOOOO/OOOO/OOOOVXOOOO/OO
O/OOOOO VXOOOOO/OO/OOOOOVXOOOOO/O
/OOOOOO VXOOOOOO//OOOOOOVXOOOOOO/
```

Jeder Musterreihe folgt eine Zwischenreihe, die so gestrickt wird, wie sich die Maschen zeigen. Die senkrechten Reihen am Anfang und Ende der Mustertafel weichen etwas vom Muster ab, sie werden darum auch nur am Beginn und Ende einer Strickarbeit gestrickt zum Ausgleich des Musters. Beim Rundstricken (Strümpfe usw.) fallen sie fort.

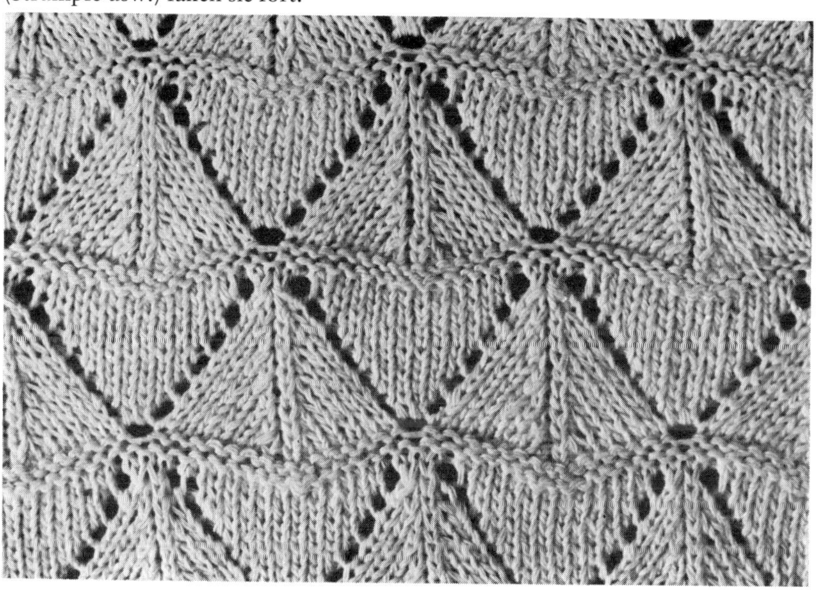

Rahmenwanzen

```
/OOOODOOOO/O/OOOODOOOO/O/OOOODOOOO/
OO/OOOOO/OODOO/OOOOO/OODOO/OOOOO/OO
XOO/OOO/OOODOOO/OOO/OOODOOO/OOO/OOX
XOOO/O/OOOODOOOO/O/OOOODOOOO/O/OOOX
OO/OODOO/OOOOO/OODOO/OOOOO/OODOO/OO
O/OOODOOO/OOO/OOODOOO/OOO/OOODOOO/O
/OOOODOOOO/O/OOOODOOOO/O/OOOODOOOO/
OO/OOOOO/OODOO/OOOOO/OODOO/OOOOO/OO
XOO/OOO/OOODOOO/OOO/OOODOOO/OOO/OOX
XOOO/O/OOOODOOOO/O/OOOODOOOO/O/OOOX
OO/OODOO/OOOOO/OODOO/OOOOO/OODOO/OO
O/OOODOOO/OOO/OOODOOO/OOO/OOODOOO/O
/OOOODOOOO/O/OOOODOOOO/O/OOOODOOOO/
OO/OOOOO/OODOO/OOOOO/OODOO/OOOOO/OO
XOO/OOO/OOODOOO/OOO/OOODOOO/OOO/OOX
XOOO/O/OOOODOOOO/O/OOOODOOOO/O/OOOX
```

Die senkrechten Randmaschen der Mustertafel weichen etwas vom Muster ab. Sie werden nur am Anfang bzw. Ende einer Strickarbeit gestrickt. Beim Rundstricken fallen sie fort. Jeder Musterreihe folgt eine Zwischenreihe, die so gestrickt wird, wie sich die Maschen zeigen.

Lückerlblitzmodel und Blümerl

V / V / V / O O V / O V / O O V / V / V / O

V / V / V / O V / V / O V / O V / V / V / O

V / V / V / O O V / O O O / X V / V / V / O

V / V / V / O O O O O O / X O V / V / V / O

V / V / V / O O O O O / X O O V / V / V / O

V / V / V / O O O O / X O O O V / V / V / O

V / V / V / O O O / X O O O O V / V / V / O

V / V / V / O O / X O V / O O V / V / V / O

V / V / V / O V / O V / V / O V / V / V / O

V / V / V / O O V / O V / O O V / V / V / O

V / V / V / O O O V / O O O O V / V / V / O

V / V / V / O O O O V / O O O V / V / V / O

V / V / V / O O V / O V / O O V / V / V / O

V / V / V / O V / V / O V / O V / V / V / O

V / V / V / O O V / O O O / X V / V / V / O

V / V / V / O O O O O O O / X O V / V / V / O

Jeder Musterreihe folgt eine Zwischenreihe, die so gestrickt wird, wie sich die Maschen zeigen.

Das schönste Westenmuster

8 – 8 – 8 – 8 – 8 – 8 – 8 – 8 – 8 – 8 – 8 – 8 – 8
8 – 8 – 8 – 8 – 8 – 8 – 8 – 8 – 8 – 8 – 8 – 8 – 8
8 – 8 – 8 – 8 – 8 – 8 – 8 – 8 – 8 – 8 – 8 – 8 – 8
8 – 8 – 8 – 8 – 8 – 8 – 8 – 8 – 8 – 8 – 8 – 8 – 8
8 – 8 – 8 – 8 – 8 – 8 – 8 – 8 – 8 – 8 – 8 – 8 – 8
8 – 8 – 8 – 8 – 8 – 8 – 8 – 8 – 8 – 8 – 8 – 8 – 8
– 8 – 8 – 8 – 8 – 8 – 8 – 8 – 8 – 8 – 8 – 8 – 8 –
– 8 – 8 – 8 – 8 – 8 – 8 – 8 – 8 – 8 – 8 – 8 – 8 –
8 – 8 – 8 – 8 – 8 – 8 – 8 – 8 – 8 – 8 – 8 – 8 – 8
8 – 8 – 8 – 8 – 8 – 8 – 8 – 8 – 8 – 8 – 8 – 8 – 8
– 8 – 8 – 8 – 8 – 8 – 8 – 8 – 8 – 8 – 8 – 8 – 8 –
– 8 – 8 – 8 – 8 – 8 – 8 – 8 – 8 – 8 – 8 – 8 – 8 –
8 – 8 – 8 – 8 – 8 – 8 – 8 – 8 – 8 – 8 – 8 – 8 – 8
8 – 8 – 8 – 8 – 8 – 8 – 8 – 8 – 8 – 8 – 8 – 8 – 8
8 – 8 – 8 – 8 – 8 – 8 – 8 – 8 – 8 – 8 – 8 – 8 – 8
8 – 8 – 8 – 8 – 8 – 8 – 8 – 8 – 8 – 8 – 8 – 8 – 8
8 – 8 – 8 – 8 – 8 – 8 – 8 – 8 – 8 – 8 – 8 – 8 – 8
8 – 8 – 8 – 8 – 8 – 8 – 8 – 8 – 8 – 8 – 8 – 8 – 8

Das Muster kann beliebig vergrößert oder verkleinert werden, je nach Art der Strickarbeit.

Würfelmuster

– 8 – 8 – 8 – O O O O O O O – 8 – 8 – 8 – O O O O O O O

– 8 – 8 – 8 – O O X / O O O – 8 – 8 – 8 – O O X / O O O

– 8 – 8 – 8 – O X / O / V O – 8 – 8 – 8 – O X / O / V O

– 8 – 8 – 8 – O O X / O O O – 8 – 8 – 8 – O O X / O O O

– 8 – 8 – 8 – O O O O O O O – 8 – 8 – 8 – O O O O O O O

O O O O O O O – 8 – 8 – 8 – O O O O O O O – 8 – 8 – 8 –

O O X / O O O – 8 – 8 – 8 – O O X / O O O – 8 – 8 – 8 –

O X / O / V O – 8 – 8 – 8 – O X / O / V O – 8 – 8 – 8 –

O O X / O O O – 8 – 8 – 8 – O O X / O O O – 8 – 8 – 8 –

O O O O O O O – 8 – 8 – 8 – O O O O O O O – 8 – 8 – 8 –

– 8 – 8 – 8 – O O O O O O O – 8 – 8 – 8 – O O O O O O O

– 8 – 8 – 8 – O O X / O O O – 8 – 8 – 8 – O O X / O O O

– 8 – 8 – 8 – O X / O / V O – 8 – 8 – 8 – O X / O / V O

– 8 – 8 – 8 – O O X / O O O – 8 – 8 – 8 – O O X / O O O

– 8 – 8 – 8 – O O O O O O O – 8 – 8 – 8 – O O O O O O O

Jeder Musterreihe folgt eine Zwischenreihe, die so gestrickt wird, wie sich die Maschen zeigen.

Abart der Fischgräten

O / O O O D / O / O O O D / O / O O O D / O

O / O O D O / O / O O D O / O / O O D O / O

O / O D O O / O / O D O O / O / O D O O / O

O / D O O O / O / D O O O / O / D O O O / O

O / D O O O / O / D O O O / O / D O O O / O

O / O E O O / O / O E O O / O / O E O O / O

O / O O E O / O / O O E O / O / O O E O / O

O / O O O E / O / O O O E / O / O O O E / O

O / O O O D / O / O O O D / O / O O O D / O

O / O O D O / O / O O D O / O / O O D O / O

O / O D O O / O / O D O O / O / O D O O / O

O / D O O O / O / D O O O / O / D O O O / O

O / D O O O / O / D O O O / O / D O O O / O

O / O E O O / O / O E O O / O / O E O O / O

O / O O E O / O / O O E O / O / O O E O / O

O / O O O E / O / O O O E / O / O O O E / O

Jeder Musterreihe folgt eine Zwischenreihe, die so gestrickt wird, wie sich die Maschen zeigen.

Russisches Nahtel versetzt

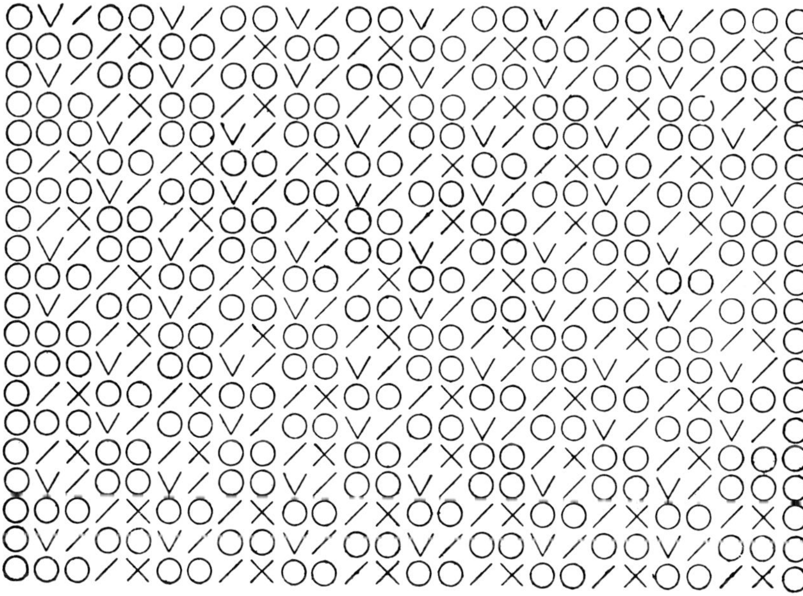

Dieses Muster wird ohne Zwischenreihen gestrickt, d. h. es muß auf jeder Nadel gemustert werden. Beim Flachstricken (Decken usw.) ist die Reihe mit dem X-Zeichen auf die linke Seite und die Reihe mit dem V-Zeichen die rechte Seite der Strickarbeit.

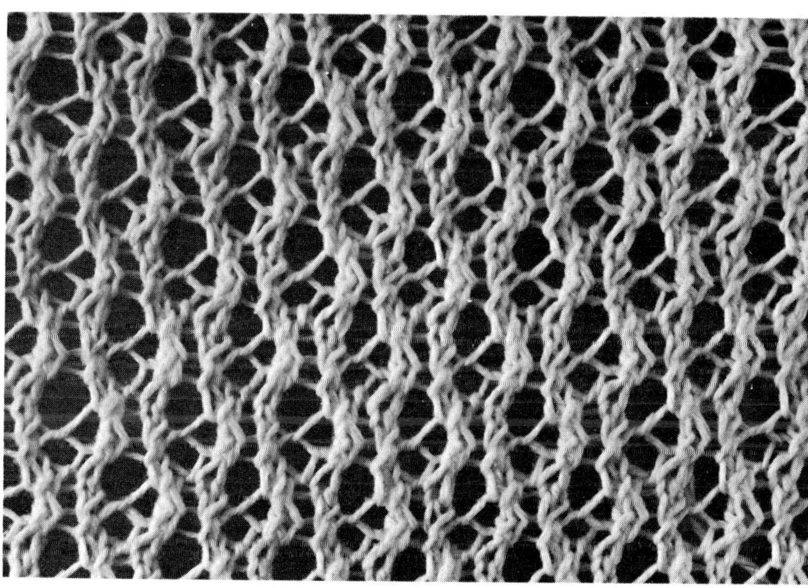

Drahdi und Leiterl

O O V / V / V / O O – % % % % – O O V / V / V / O O

O O / V / V / O O O – O O O O – O O / V / V / O O O

O O V / V / V / O O – O O O O – O O V / V / V / O O

O O / V / V / O O O – O O O O – O O / V / V / O O O

O O V / V / V / O O – O O O O – O O V / V / V / O O

O O / V / V / O O O – % % % % – O O / V / V / O O O

O O V / V / V / O O – O O O O – O O V / V / V / O O

O O / V / V / O O O – O O O O – O O / V / V / O O O

O O V / V / V / O O – O O O O – O O V / V / V / O O

O O / V / V / O O O – O O O O – O O / V / V / O O O

O O V / V / V / O O – % % % % – O O V / V / V / O O

O O / V / V / O O O – O O O O – O O / V / V / O O O

O O V / V / V / O O – O O O O – O O V / V / V / O O

O O / V / V / O O O – O O O O – O O / V / V / O O O

O O V / V / V / O O – O O O O – O O V / V / V / O O

Jeder Musterreihe folgt eine Zwischenreihe, die so gestrickt wird, wie sich die Maschen zeigen.

Russisches Nahtel und Kette

```
--          % --V/OO--          % --V/OO
--         XO--OO/X--         XO--OO/X
--       XOO--V/OO--        XOO--V/OO
--     XOOO--OO/X--     XOOO--OO/X
--OOO/O--V/OO--OOO/O--V/OO
--OO/O  --OO/X--OO/O  --OO/X
--O/O   --V/OO--O/O   --V/OO
--          % --OO/X--          % --OO/X
--         XO--V/OO--         XO--V/OO
--       XOO--OO/X--        XOO--OO/X
--     XOOO--V/OO--     XOOO--V/OO
--OOO/O--OO/X--OOO/O--OO/X
--OO/O  --V/OO--OO/O  --V/OO
--O/O   --OO/X--O/O   --OO/X
```

Jeder Musterreihe folgt eine Zwischenreihe, die so gestrickt wird, wie sich die Maschen zeigen.

Mandelkern

```
– – V O           – – O O – – V O           – – O O
– – V O O         – – O O – – V O O         – – O O
– – V O O O       – – O O – – V O O O       – – O O
– – V O O O O     – – O O – – V O O O O     – – O O
– – V / / / / / – – O O – – V / / / / / – – O O
– – V O           – – O O – – V O           – – O O
– – V O O         – – O O – – V O O         – – O O
– – V O O O       – – O O – – V O O O       – – O O
– – V O O O O     – – O O – – V O O O O     – – O O
– – V / / / / / – – O O – – V / / / / / – – O O
– – V O           – – O O – – V O           – – O O
– – V O O         – – O O – – V O O         – – O O
– – V O O O       – – O O – – V O O O       – – O O
– – V O O O O     – – O O – – V O O O O     – – O O
– – O / / / / / – – O O – – O / / / / / – – O O
```

In der 1., 6., 12. Reihe usw. nimmt man 5 Maschen auf oder macht einen 5maligen Umschlag. Beim Drüberstricken in der nächsten Zwischenreihe entstehen so 5 Rechtsmaschen. Jeder Musterreihe folgt eine Zwischenreihe, die so gestrickt wird, wie sich die Maschen zeigen.

Russisches Nahtel

O	O	/	X	O	O	/	X	O	O	/	X	O	O	/	X	O	O	/	X	O	O	/	X
V	/	O	O	V	/	O	O	V	/	O	O	V	/	O	O	V	/	O	O	V	/	O	O
O	O	/	X	O	O	/	X	O	O	/	X	O	O	/	X	O	O	/	X	O	O	/	X
V	/	O	O	V	/	O	O	V	/	O	O	V	/	O	O	V	/	O	O	V	/	O	O
O	O	/	X	O	O	/	X	O	O	/	X	O	O	/	X	O	O	/	X	O	O	/	X
V	/	O	O	V	/	O	O	V	/	O	O	V	/	O	O	V	/	O	O	V	/	O	O
O	O	/	X	O	O	/	X	O	O	/	X	O	O	/	X	O	O	/	X	O	O	/	X
V	/	O	O	V	/	O	O	V	/	O	O	V	/	O	O	V	/	O	O	V	/	O	O
O	O	/	X	O	O	/	X	O	O	/	X	O	O	/	X	O	O	/	X	O	O	/	X
V	/	O	O	V	/	O	O	V	/	O	O	V	/	O	O	V	/	O	O	V	/	O	O
O	O	/	X	O	O	/	X	O	O	/	X	O	O	/	X	O	O	/	X	O	O	/	X
V	/	O	O	V	/	O	O	V	/	O	O	V	/	O	O	V	/	O	O	V	/	O	O
O	O	/	X	O	O	/	X	O	O	/	X	O	O	/	X	O	O	/	X	O	O	/	X
V	/	O	O	V	/	O	O	V	/	O	O	V	/	O	O	V	/	O	O	V	/	O	O
O	O	/	X	O	O	/	X	O	O	/	X	O	O	/	X	O	O	/	X	O	O	/	X
V	/	O	O	V	/	O	O	V	/	O	O	V	/	O	O	V	/	O	O	V	/	O	O
O	O	/	X	O	O	/	X	O	O	/	X	O	O	/	X	O	O	/	X	O	O	/	X

Dieses Muster wird ohne Zwischenreihen gestrickt, d.h. es muß auf jeder Nadel gemustert werden. Beim Flachstricken (Decken usw.) ist die Reihe mit dem X-Zeichen die linke Seite und die Reihe mit dem V-Zeichen die rechte Seite der Strickarbeit.

Zopfmuster

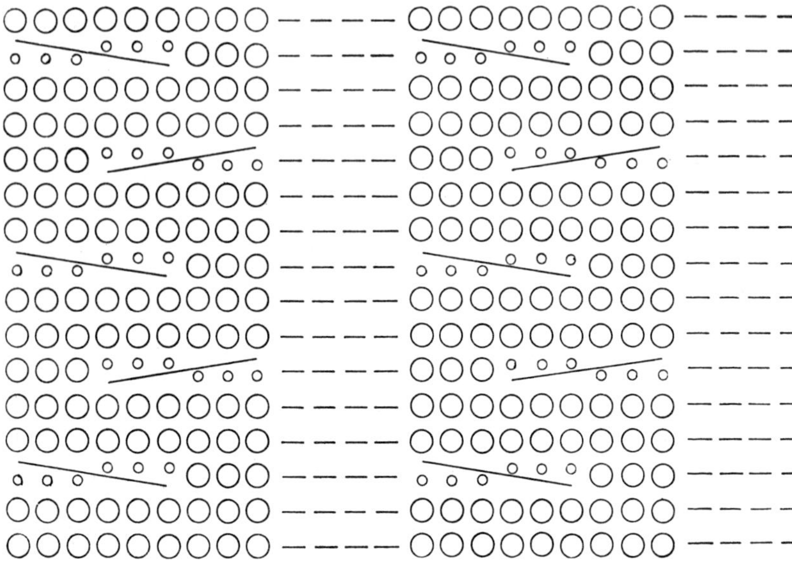

Bei diesem Muster werden immer 3 und 3 Maschen miteinander gekreuzt. Man nimmt am besten eine 3. Nadel zu Hilfe. In der 3. Reihe die ersten 3 kleinen Kreise nach vorn auf Hilfsnadel nehmen, dann die nächsten 3 kleinen Kreise stricken. Reihenfolge 4 – 5 – 6 – 1 – 2 – 3. In der 6. Reihe die ersten kleinen Kreise nach hinten auf Hilfsnadel nehmen, dann die nächsten 3 kleinen Kreise stricken. Reihenfolge 4 – 5 – 6 – 1 – 2 – 3 usw. Jeder Musterreihe folgt eine Zwischenreihe, die so gestrickt wird, wie sich die Maschen zeigen.

Modische Abart des Drahdi

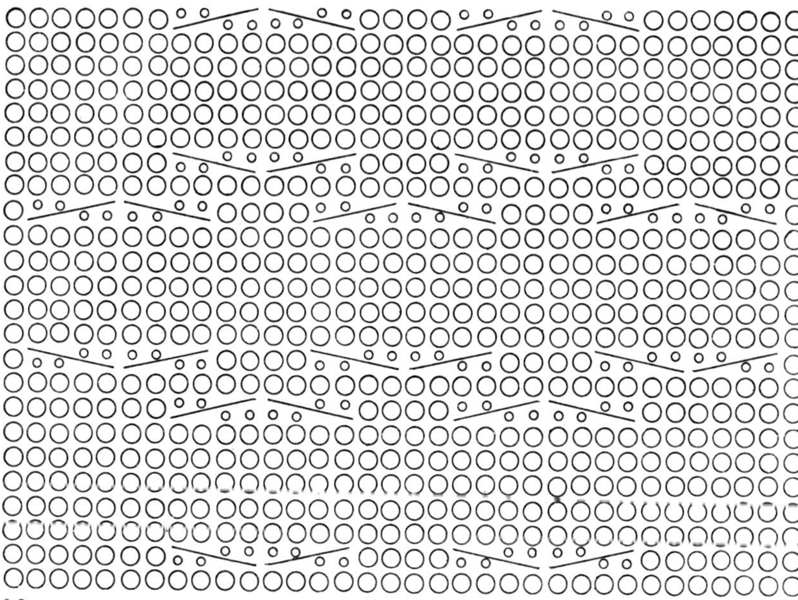

= die ersten 2 Rechtsmaschen auf Hilfsnadel abheben nach hinten. Die nächsten 2 Rechtsmaschen stricken. Hilfsnadel abstricken.

= die ersten 2 Rechtsmaschen auf Hilfsnadel abheben nach vorn. Die nächsten 2 Rechtsmaschen stricken. Hilfsnadel abstricken.

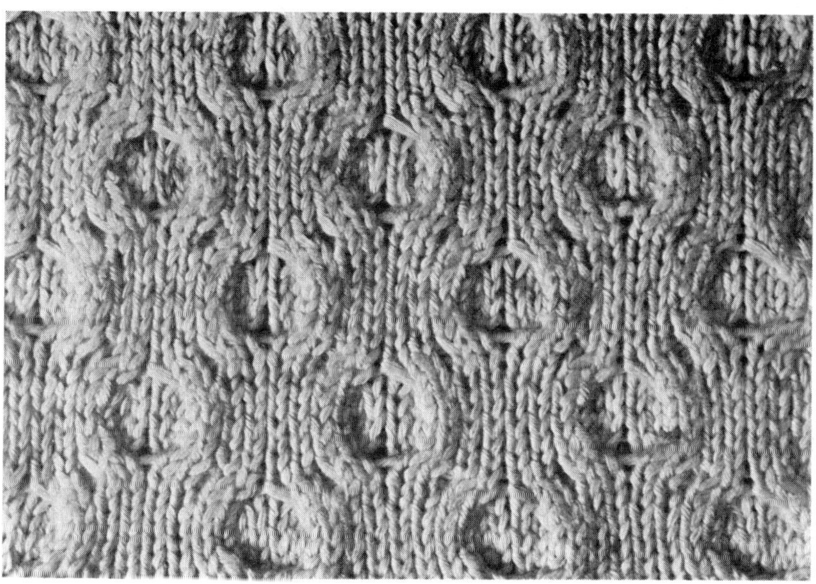

Wendeltreppe

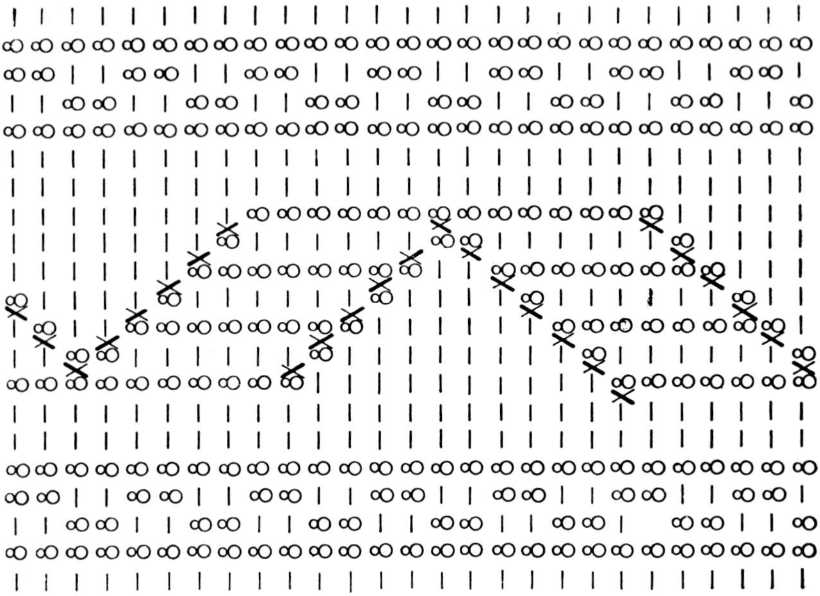

Die X-Zeichen sind keine Maschen, sondern sie geben an, daß die Maschen zwischen denen sie stehen, miteinander gekreuzt werden, dabei bleiben die rechten Maschen stets vorn. Jeder Musterreihe folgt eine Zwischenreihe, die so gestrickt wird, wie sich die Maschen zeigen. Nähere Strickanleitung Seite 4.

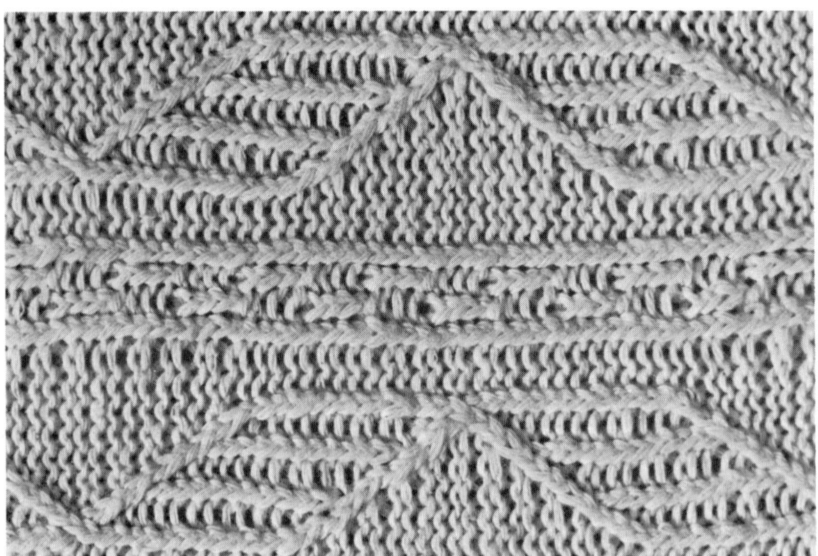

Der Zwetschgenmodel

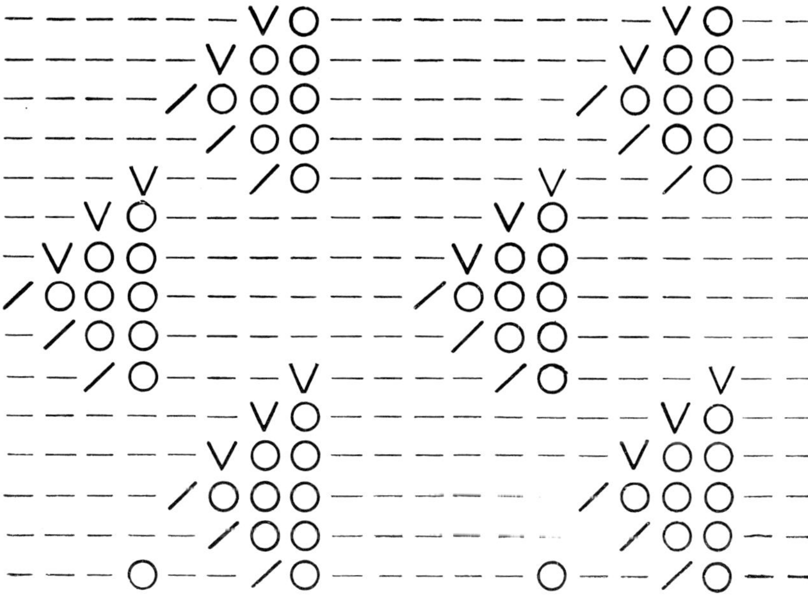

Jeder Musterreihe folgt eine Zwischenreihe, die so gestrickt wird, wie sich die Maschen zeigen.

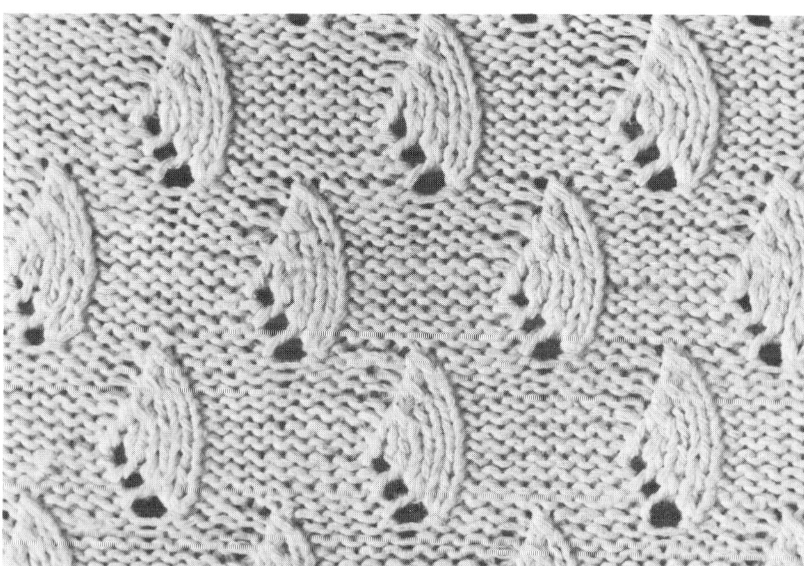

Viereckerl

8 - - - - 8 - - - - 8 - - - - 8 - - - - 8 - - - - 8 - - - - 8
8 - - - 8 - 8 - - - 8 - - - 8 - 8 - - - 8 - - - 8 - 8 - - - 8
8 - - 8 - 8 - 8 - - 8 - - 8 - 8 - 8 - - 8 - - 8 - 8 - 8 - - 8
8 - 8 - 8 - 8 - 8 - 8 - 8 - 8 - 8 - 8 - 8 - 8 - 8 - 8 - 8 - 8
8 - - 8 - 8 - 8 - - 8 - - 8 - 8 - 8 - - 8 - - 8 - 8 - 8 - - 8
8 - - - 8 - 8 - - - 8 - - - 8 - 8 - - - 8 - - - 8 - 8 - - - 8
8 - - - - 8 - - - - 8 - - - - 8 - - - - 8 - - - - 8 - - - - 8
- 8 - - - 8 - - - 8 - 8 - - - 8 - - - 8 - 8 - - - 8 - - - 8 -
8 - 8 - - 8 - - 8 - 8 - 8 - - 8 - - 8 - 8 - 8 - - 8 - - 8 - 8
- 8 - 8 - 8 - 8 - 8 - 8 - 8 - 8 - 8 - 8 - 8 - 8 - 8 - 8 - 8 -
8 - 8 - - 8 - - 8 - 8 - 8 - - 8 - - 8 - 8 - 8 - - 8 - - 8 - 8
- 8 - - - 8 - - - 8 - 8 - - - 8 - - - 8 - 8 - - - 8 - - - 8 -
8 - - - - 8 - - - - 8 - - - - 8 - - - - 8 - - - - 8 - - - - 8
8 - - - 8 - 8 - - - 8 - - - 8 - 8 - - - 8 - - - 8 - 8 - - - 8
8 - - 8 - 8 - 8 - - 8 - - 8 - 8 - 8 - - 8 - - 8 - 8 - 8 - - 8
8 - 8 - 8 - 8 - 8 - 8 - 8 - 8 - 8 - 8 - 8 - 8 - 8 - 8 - 8 - 8
8 - - 8 - 8 - 8 - - 8 - - 8 - 8 - 8 - - 8 - - 8 - 8 - 8 - - 8
8 - - - 8 - 8 - - - 8 - - - 8 - 8 - - - 8 - - - 8 - 8 - - - 8
8 - - - - 8 - - - - 8 - - - - 8 - - - - 8 - - - - 8 - - - - 8

Jeder Musterreihe folgt eine Zwischenreihe, die so gestrickt wird, wie sich die Maschen zeigen.

Doppeldreieckerl als Bäumel

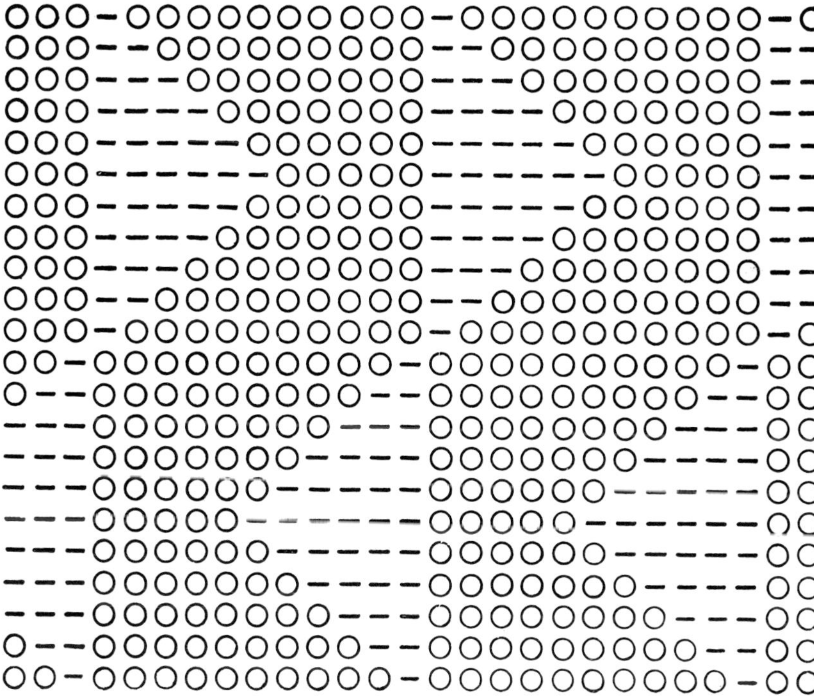

Spitzenmuster Nr. 1

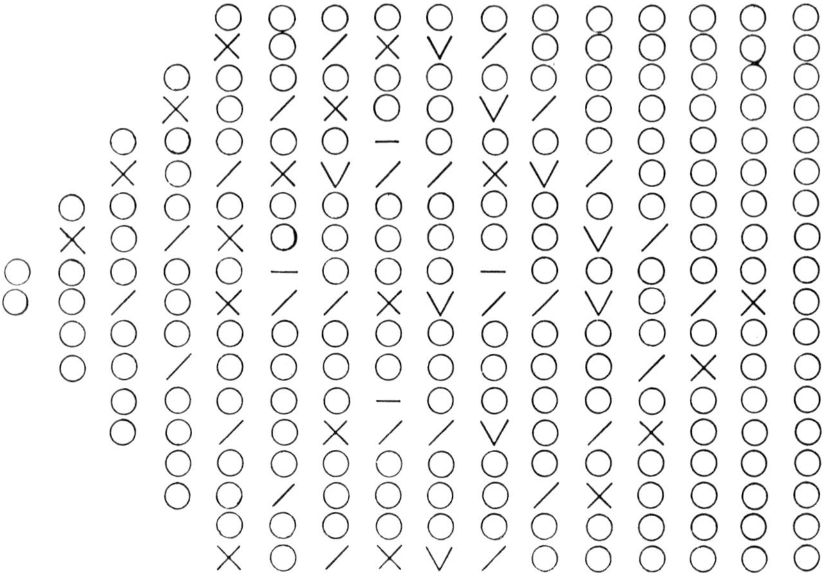

Maschenanschlag 13. Ohne Zwischenreihen stricken. Beiderseitig wird gemustert, Vorder- und Rückseite. Als glatte Seitenkante kann das russische Nahtel gestrickt werden, wie Abb. nebenstehend zeigt. Zeichenerklärung siehe Seite 29 (die ersten 4 senkrechten Maschenreihen).

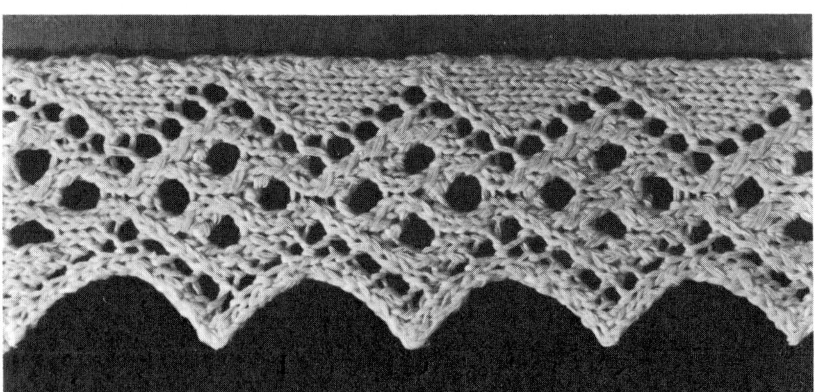

Ende

Anfang

Spitzenmuster Nr. 2

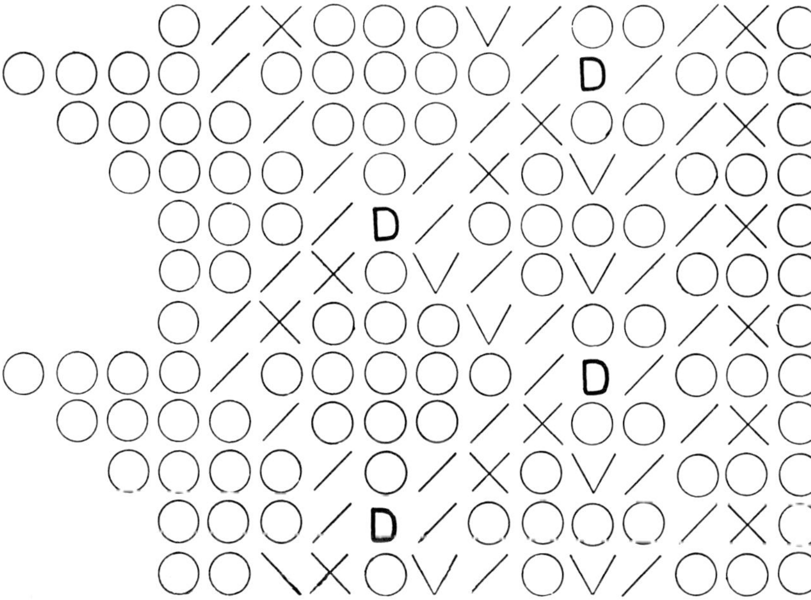

Maschenanschlag 13 (ohne russische Nahtel) Abb. zeigt als glatte Seitenkante das russische Nahtel. Die Strickanleitung dafür siehe Seite 29 die ersten 4 senkrechten Maschenreihen.

Keine Zwischenreihen stricken. Jede Nadel mustern.

Ende

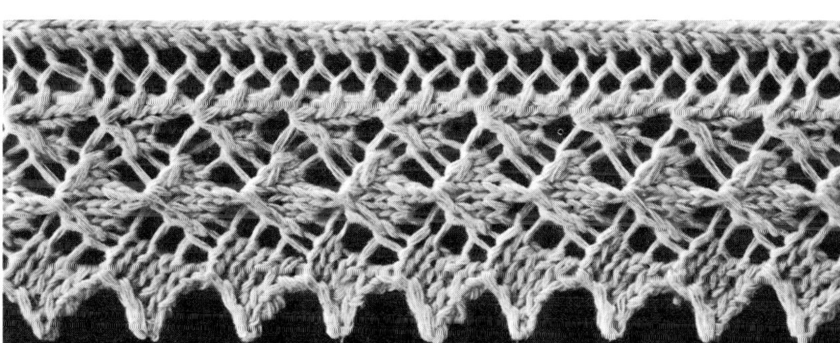

Anfang

Ketterl und Haberkörndl

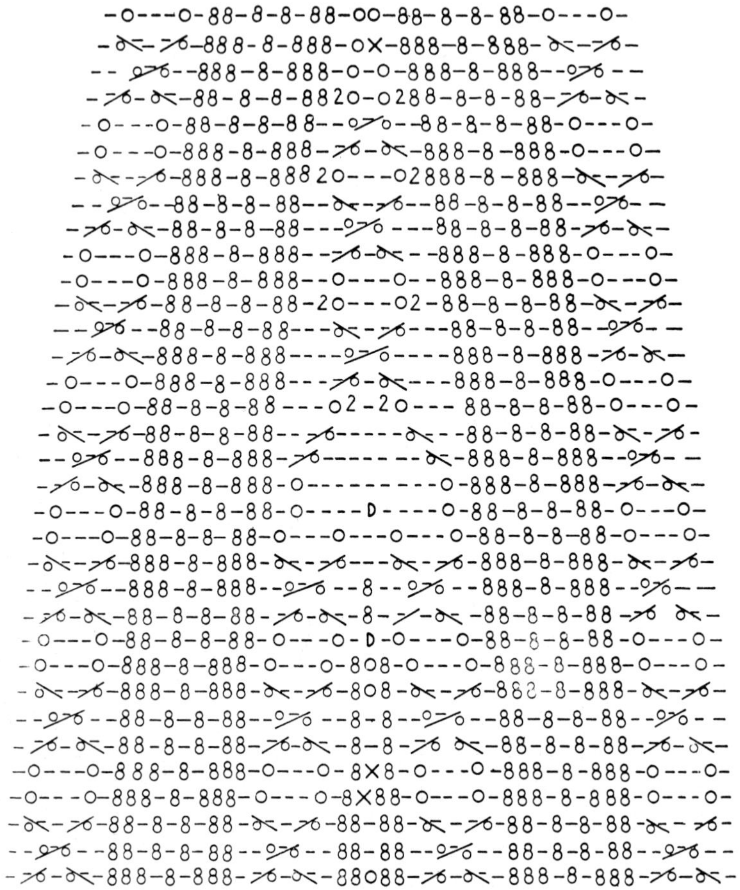

Rechtsmasche auf Hilfsnadel nach vorne abheben. Linksmasche stricken. Hilfsnadel abstricken.

Linksmasche auf Hilfsnadel nach hinten abheben. Rechtsmasche stricken. Hilfsnadel abstricken.

1. Rechtsmasche und Linksmasche auf Hilfsnadel nach hinten abheben. 2. Rechtsmasche stricken. Linksmasche stricken. 1. Rechtsmasche stricken. Jeder Musterreihe folgt eine Zwischenreihe, die so gestrickt wird, wie sich die Maschen zeigen.

Ketterl und Haberkörndl Wadenkeil für Frauenstrümpfe

Die Abb. zeigt nur den Wadenkeil, d.h. die Minderung des Strumpfes, da ja die Länge und Breite je nach Veranlagung der Besitzerin verschieden ausfällt.
Bei der Strickarbeit werden darum als Ausgleich des Musters zwischen den Musterstreifen mehr oder weniger Linksmaschen gestrickt.

Dreieckerl als Füllmuster

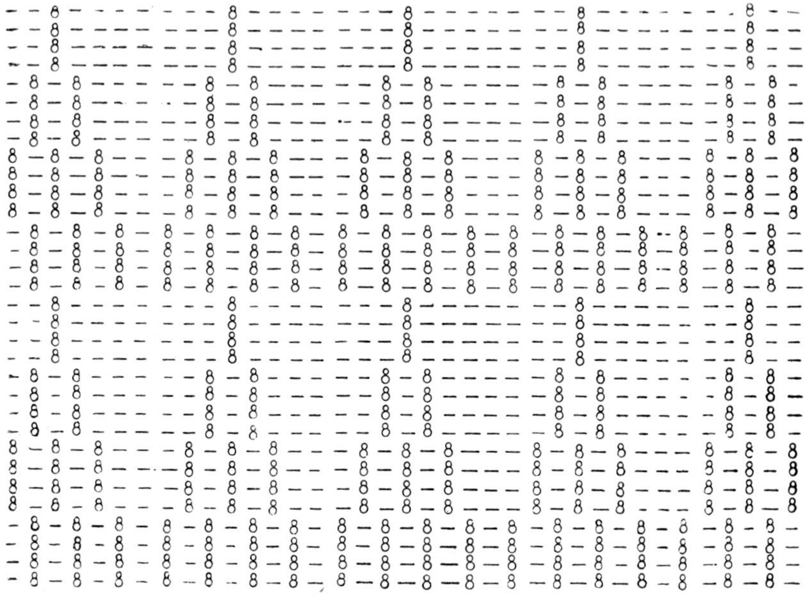

Dieses Muster kann entsprechend abgeändert werden, je nach Art der Strickarbeit. Für Männersachen z. B. je 8 mal hoch stricken und dann erst wechseln oder für Kindersachen nur 2 mal und wechseln.

Schiefeckerl

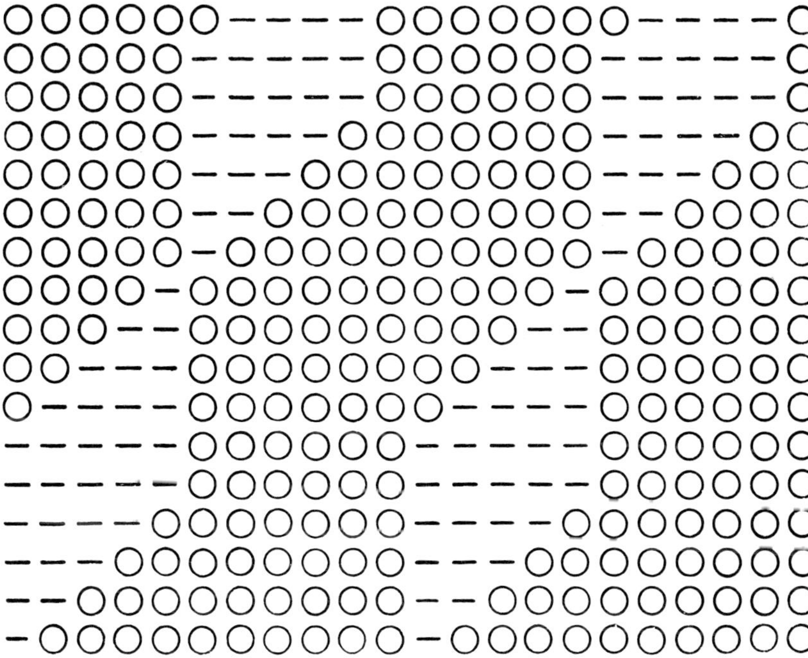

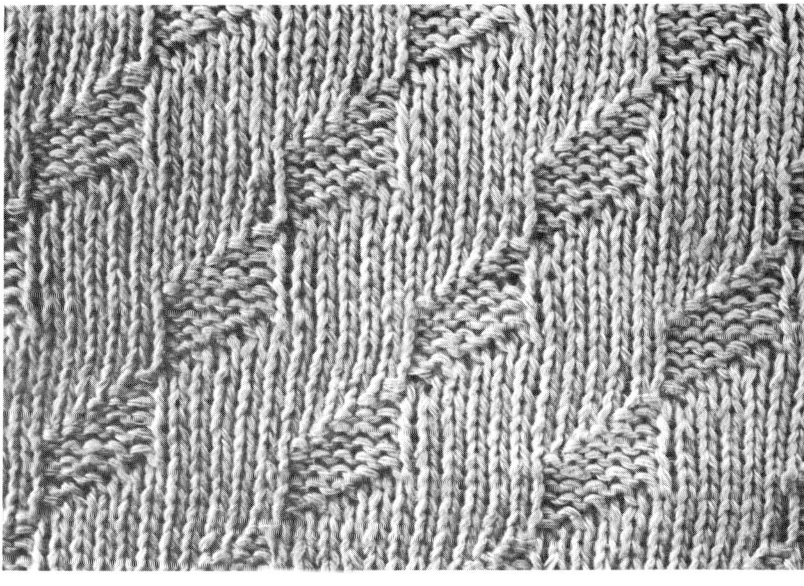

Die Äher (Ähre) Wadenkeil für Frauenstrümpfe

```
DOOOO/O/OOO/O/OD
OOOOOOOOOO/O/OOD
OOOOOOOOO/O/OOOD
DO/O/OOO/O/OOOOD
DOO/O/OOOOOOOOOO
DOOO/O/OOOOOOOOO
DOOOO/O/OOOOOOOO
OOOOOOOOOOOOOOOO
OOOOOOODOOOOOOOD
OOOOOOOOOD/O/OOOOOOO
D/O/OOOOODD/O/OOOOOD
DO/O/OOOOOOODO/O/OOOOOOO
DOO/O/OOOOOODOO/O/OOOOOO
DOOOOOOO/O/DDOOOOOOO/O/D
OOOOOOOOO/O/ODOOOOOOOOO/O/OD
DO/O/OOO/O/OODDO/O/OOO/O/OOD
DOO/O/OOOOOOOODOO/O/OOOOOOOO
DOOO/O/OOOOOOODOOO/O/OOOOOOO
DOOOO/O/OOOOOODOOOO/O/OOOOOO
OOOOOOOOOO/O/DOOOOOOOOOO/O/D
OOOOOOOOO/O/ODXOOOOOOOO/O/OD
DO/O/OOO/O/OODODO/O/OOO/O/OOD
DOO/O/OOOOOOODODOO/O/OOOOOOOD
DOOO/O/OOOOOOOOOODOOO/O/OOOOOOOOO
DOOOO/O/OOO/O/OD-DOOOO/O/OOO/O/OD
OOOOOOOOOO/O/OOD2OOOOOOOOOO/O/OOD
OOOOOOOOO/O/OOOD-2OOOOOOOOO/O/OOOD
DO/O/OOO/O/OOOOD-2-DO/O/OOO/O/OOOOD
DOO/O/OOOOOOOOOO--2-DOO/O/OOOOOOOOOO
DOOO/O/OOOOOOOOO--X--DOOO/O/OOOOOOOOO
DOOOO/O/OOO/O/OD--OO--DOOOO/O/OOO/O/OD
OOOOOOOOOO/O/OOD--OX--OOOOOOOOOO/O/OOD
OOOOOOOOO/O/OOOD--OOX--OOOOOOOOO/O/OOOD
DO/O/OOO/O/OOOOD--OO/X--DO/O/OOO/O/OOOOD
DOO/O/OOOOOOOOOO--V/OO--DOO/O/OOOOOOOOOO
DOOO/O/OOOOOOOOO--OO/X--DOOO/O/OOOOOOOOO
```

Stricktafel zeigt nur die Ähre als Musterstreifen. Die Strickschrift für das Russische Nahtel (Randstreifen auf Abb. nebenstehend) ist auf Seite 29 angegeben (die ersten 4 senkrechten Musterreihen). Das Russische Nahtel wird auf jeder Nadel gemustert, also ohne Zwischenreihen gestrickt, während bei der Ähre jeder Musterreihe eine Zwischenreihe folgt, die so gestrickt wird, wie sich die Maschen zeigen.

Die Äher (Ähre) Wadenkeil für Frauenstrümpfe

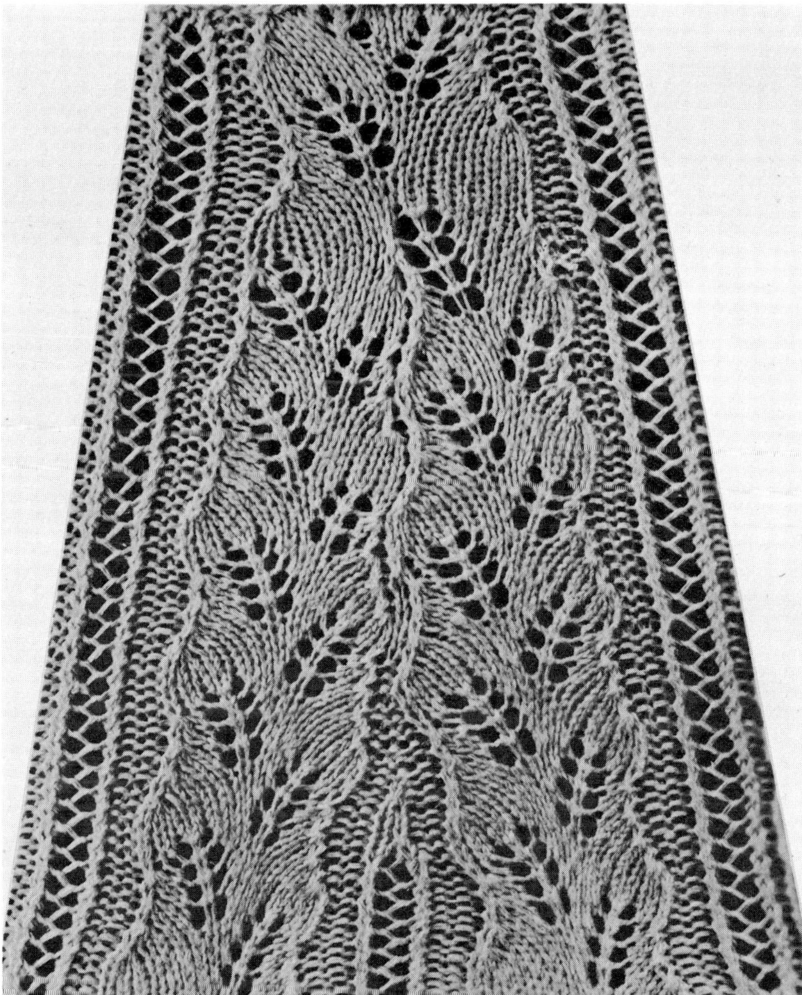

Die Abb. zeigt nur den Wadenkeil, d.h. die Minderung des Strumpfes, da ja die Länge und Breite je nach der Veranlagung der Besitzerin verschieden ausfällt.
Bei der Strickarbeit werden darum als Ausgleich des Musters zwischen den Musterstreifen mehr oder weniger Linksmaschen gestrickt.

Spitzenmuster Nr. 3 und Nr. 4

O O / / / / O O V / O O O
→ O O O O O O / X O
O O O O O O O O V / O O O
O O O O O O O O O O / X O
O X / X / X / O V / O O O
O O O O O O O O O O / X O
O O / / / / O O V / O O O
→ O O O O O O / X O
O O O O O O O O V / O O O
O O O O O O O O O O / X O
O X / X / X / O V / O O O
O O O O O O O O O O / X O
O O / / / / O O V / O O O
→ O O O O O O / X O
O O O O O O O O V / O O O
O O O O O O O O O O / X O
O X / X / X / O V / O O O
O O O O O O O O O O / X O
O / / / / / O O V / O O O

X / / X / / X / / V / O O O
→ – – – – – – – – / X O
O O O O O O O O O O V / O O O
– – – – – – – – – – – – / X O
O O O O O O O O O O V / O O O
/ – – O – – O – – O – – / X O
X / / X / / X / / V / O O O
→ – – – – – – – – / X O
O O O O O O O O O O V / O O O
– – – – – – – – – – – – / X O
O O O O O O O O O O V / O O O
/ – – O – – O – – O – – / X O
X / / X / / X / / V / O O O
→ – – – – – – – – / X O
O O O O O O O O O O V / O O O
– – – – – – – – – – – – / X O
O O O O O O O O O O V / O O O
/ – – O – – O – – O – – / X O
X / / X / / X / / V / O O O

→ O O O O Pfeil = die 4 Maschen abketten.

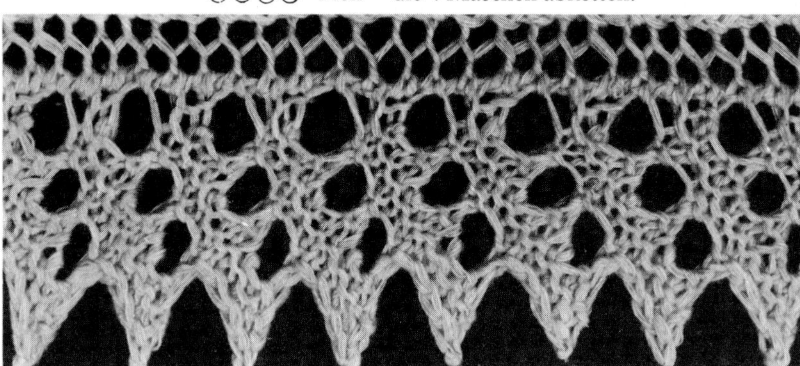

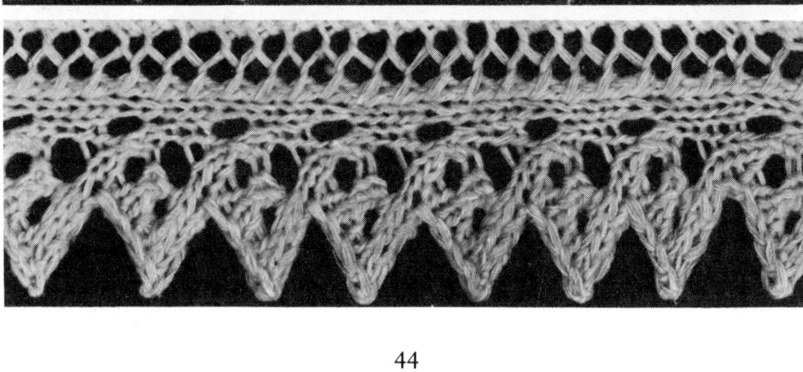

Doppeldrahdi

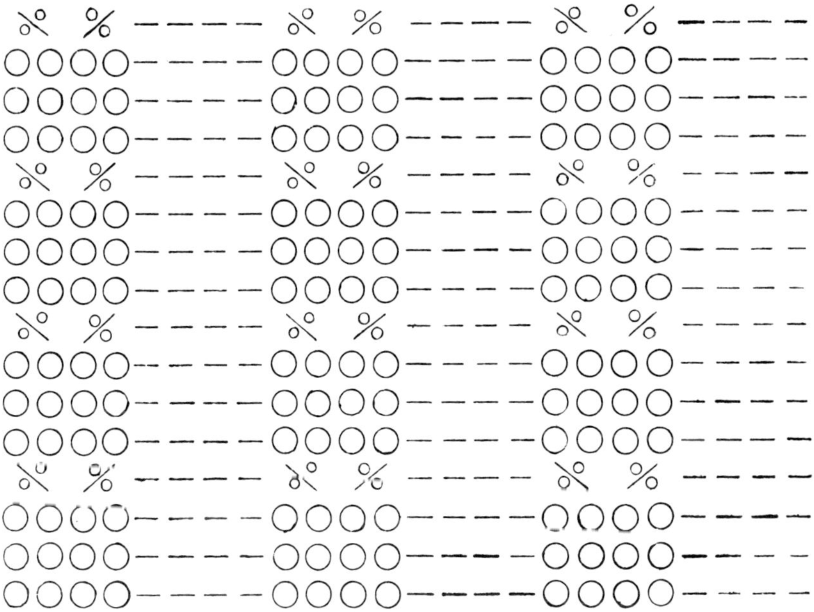

Die %-Zeichen deuten an, daß immer zwei Rechtsmaschen miteinander gekreuzt werden, dabei kommen die inneren Rechtsmaschen stets nach vorn und die äußeren Maschen nach hinten.

Dreieckerl

OOOOOOOOOOOV/OOOOOOOOOOO
OOOOOOOOOOV/V/OOOOOOOOOO
OOOOOOOOOV/V/V/OOOOOOOOO
OOOOOOOOV/V/V/V/OOOOOOOO
OOOV/OOOOOOOOOOOOOOV/OOO
OOV/V/OOOOOOOOOOOOV/V/OO
OV/V/V/OOOOOOOOOOV/V/V/O
V/V/V/V/OOOOOOOOV/V/V/V/
OOOOOOOOOOOV/OOOOOOOOOOO
OOOOOOOOOOV/V/OOOOOOOOOO
OOOOOOOOOV/V/V/OOOOOOOOO
OOOOOOOOV/V/V/V/OOOOOOOO
OOOV/OOOOOOOOOOOOOOV/OOO
OOV/V/OOOOOOOOOOOOV/V/OO
OV/V/V/OOOOOOOOOOV/V/V/O
V/V/V/V/OOOOOOOOV/V/V/V/

Jeder Musterreihe folgt eine Zwischenreihe, die so gestrickt wird, wie sich die Maschen zeigen.

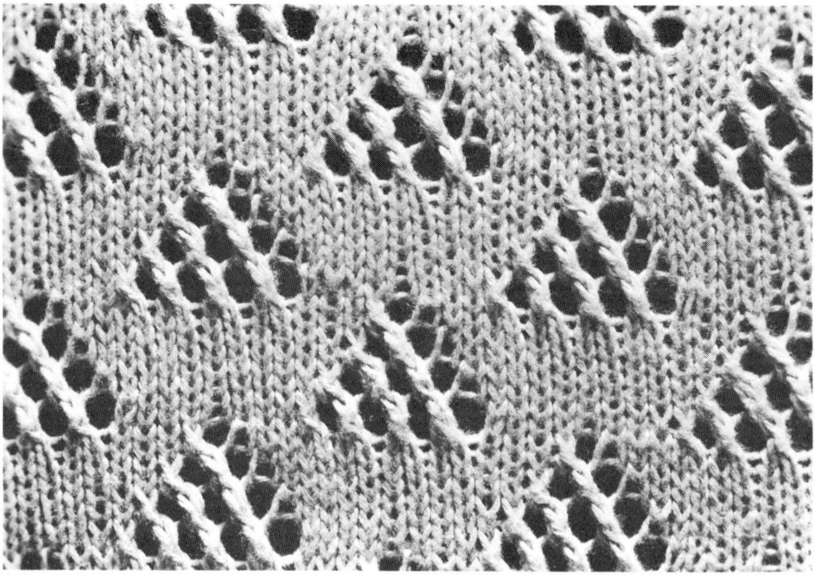

Handschuhmuster

Steirische Zweifarbfäustlinge grau-grün gestrickt

Der Daumen

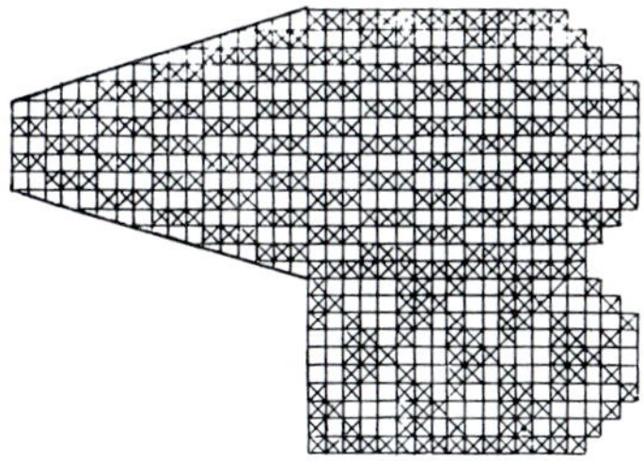

Dreieckerl Lebensbaum

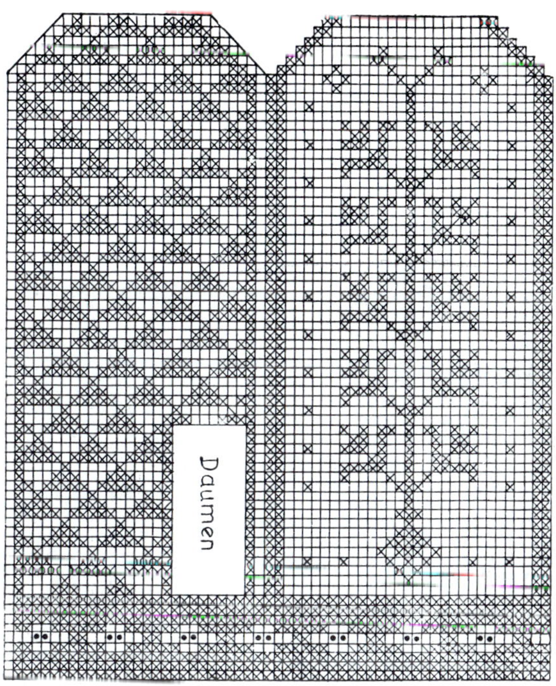

Maschenanschlag: 56

× = grün □ = grau ●● = rot

Die Stulpe wird 1 glatt 1 verkehrt gestrickt, entweder ganz grau oder jede 5. Reihe grün.

Spannfadenherz als Füllmodel

```
O O O O O O O O O O O V A A A A H H A A A A X
O O O O O O O O O O O O V       ⌿ ⌿       X O
O O O O O O O O O O O O O V     ⌿ ⌿     X O O
O O O O O O O O O O O O O O V   ⌿ ⌿   X O O O
O O O O O O O O O O O O O O O V / / X O O O O
O O O O O O O O O O O O O O O O O O O O O O O
V A A A A H H A A A A X O O O O O O O O O O O
O V       ⌿ ⌿       X O O O O O O O O O O O O
O O V     ⌿ ⌿     X O O O O O O O O O O O O O
O O O V   ⌿ ⌿   X O O O O O O O O O O O O O O
O O O O V / / X O O O O O O O O O O O O O O O
O O O O O O O O O O O O O O O O O O O O O O O
O O O O O O O O O O O V A A A A H H A A A A X
O O O O O O O O O O O O V       ⌿ ⌿       X O
O O O O O O O O O O O O O V     ⌿ ⌿     X O O
O O O O O O O O O O O O O O V   ⌿ ⌿   X O O O
O O O O O O O O O O O O O O O V / / X O O O O
```

Ohne Zwischenreihen stricken, auf jeder Nadel mustern. Die Spannfäden entstehen durch das Fallenlassen des vorherigen Umschlags. Auf gleichmäßigen Umschlag achten. Siehe Strickschrift Seite 4.

Spitzenmuster für Einsätze usw.

O / O O / O / X V / O / O O / O / X V / O

D / / / / D / X V / D / / / / D / X V / [O] Ⓓ

O / X V / O / X V / O / X V / O / X V / O

O / X V / O / X V / O / X V / O / X V / O

O / X V / O / O O / O / X V / O / O O / O

Ⓓ [O] / X V / D / / / / D / X V / D / / / / D

O / X V / O / X V / O / X V / O / X V / O

O / X V / O / X V / O / X V / O / X V / O

O / O O / O / X V / O / O O / O / X V / O

D / / / / D / X V / D / / / / D / X V / [O] Ⓓ

O / X V / O / X V / O / / V / O / X V / O

O / X V / O / X V / O / X V / O / X V / O

O / X V / O / O O / O / X V / O / O O / O

Ⓓ [O] / X V / D / / / / D / X V / D / / / / D

O / X V / O / X V / O / X V / O / X V / O

O / X V / O / X V / O / X V / O / X V / O

Jeder Musterreihe folgt eine Zwischenreihe, die so gestrickt wird, wie sich die Maschen zeigen. – Aus dem viermaligen Umschlag strickt man beim Drüberstricken (in der Zwischenreihe) 2 neue Maschen, die erste rechts, die andere links. Umgrenzte Zeichen (Einklammerung und Kreis) siehe Strickanleitung auf Seite 5.

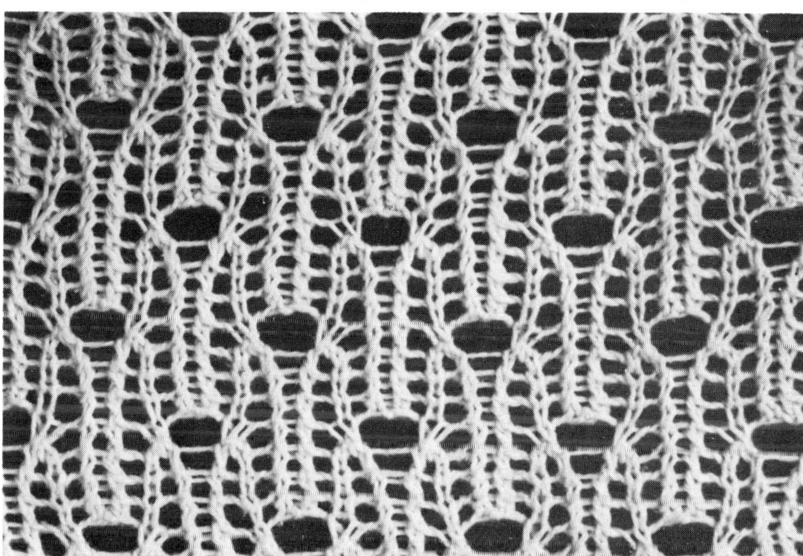

Fensterl

/ V / V / V / V / V / V / V / V / V / V / V / V

O O O O O O V / O O O O O O V / O O O O O O V /

O O O O O O / V O O O O O O / V O O O O O O / V

O O O O O O V / O O O O O O V / O O O O O O V /

O O O O O O / V O O O O O O / V O O O O O O / V

O O O O O O V / O O O O O O V / O O O O O O V /

/ V / V / V / V / V / V / V / V / V / V / V / V

O O O O O O V / O O O O O O V / O O O O O O V /

O O O O O O / V O O O O O O / V O O O O O O / V

O O O O O O V / O O O O O O V / O O O O O O V /

O O O O O O / V O O O O O O / V O O O O O O / V

O O O O O O V / O O O O O O V / O O O O O O V /

/ V / V / V / V / V / V / V / V / V / V / V / V

O O O O O O V / O O O O O O V / O O O O O O V /

O O O O O O / V O O O O O O / V O O O O O O / V

O O O O O O V / O O O O O O V / O O O O O O V /

O O O O O O / V O O O O O O / V O O O O O O / V

O O O O O O V / O O O O O O V / O O O O O O V /

Jeder Musterreihe folgt eine Zwischenreihe, die so gestrickt wird, wie sich die Maschen zeigen.

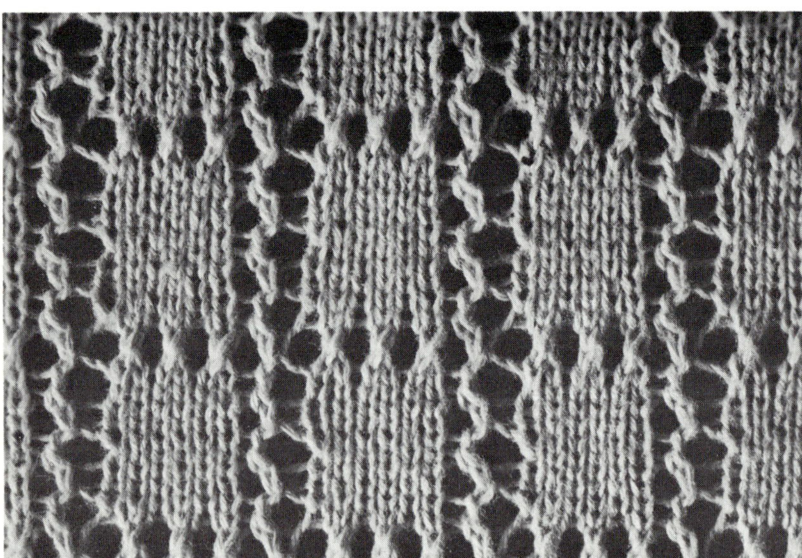

Gittermodl

/ X O O O O O O O O O O O O O V / O / X O O O O O O O O O O O O O V / O
⊘ [O] O O O O O O O O O O O O O O O / D / O O O O O O O O O O O O O O O / [V] Ⓓ
V / O X / X / X / X / X / O O / X O V / O X / X / X / X / X / O O / X O
O V / O O O O O O O O O O O / X X / O V / O O O O O O O O O O O / X X /
O O V / O X / X / X / O O / X O O O O O V / O X / X / X / O O / X O O O
X / O V / O O O O O O O / X X / X / X / O V / O O O O O O O / X X / X /
O O O O V / O X / O O / X O O O O O O O O O V / O X / O O / X O O O O O
X / X / O V / O O O / X X / X / X / X / X / O V / O O O / X X / X / X /
O O O O O O V / O / X O O O O O O O O O O O O O V / O / X O O O O O O O
O O O O O O O / D / O O O O O O O O O O O O O O O / D / O O O O O O O O
X / X / O O / X O V / O X / X / X / X / X / O O / X O V / O X / X / X /
O O O O O / X X / O V / O O O O O O O O O O O / X X / O V / O O O O O O
X / O O / X O O O O O V / O X / X / X / O O / X O O O O O V / O X / X /
O O O / X X / X / X / O V / O O O O O O O O / X X / X / X / O V / O O O O
O O / X O O O O O O O O O V / O X / O O / X O O O O O O O O O V / O X /
O / X X / X / X / X / X / O V / O O O / X X / X / X / X / X / O V / O O
/ X O O O O O O O O O O O O O V / O / X O O O O O O O O O O O O O V / O

Jeder Musterreihe folgt eine Zwischenreihe, die so gestrickt wird, wie sich die Maschen zeigen. Umgrenzte Zeichen (Einklammerung und Kreis) siehe Strickanleitung Seite 5.

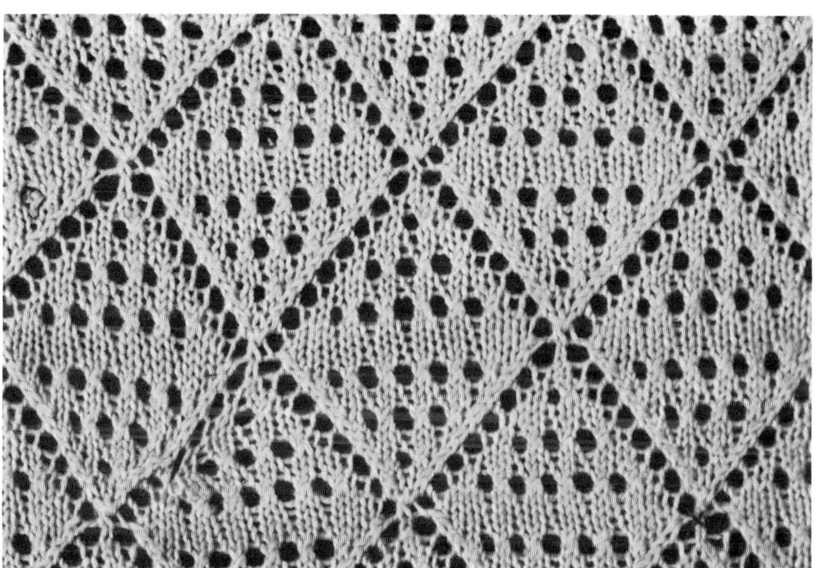

Bienenkörbchen

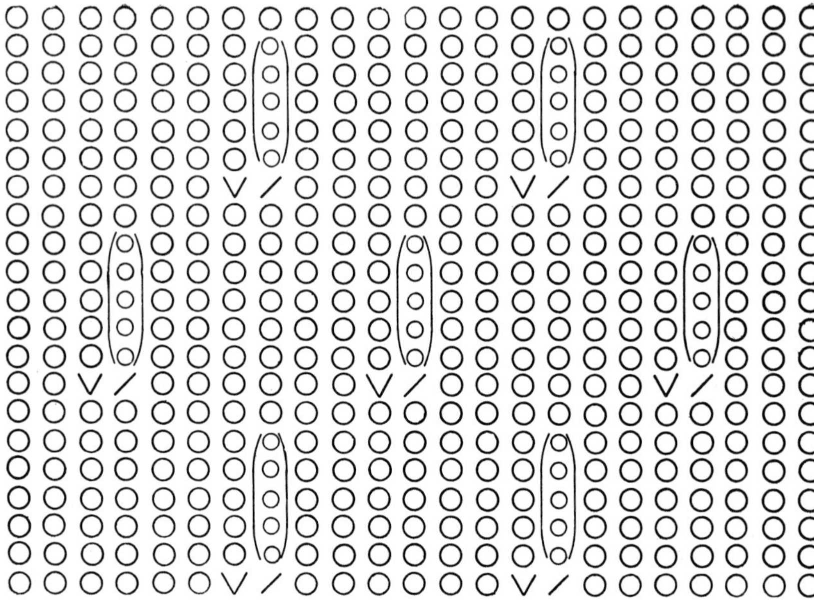

Die eingeklammerten Rechtsmaschen werden wie die anderen Rechtsmaschen normal gestrickt. Die 5. eingeklammerte Rechtsmasche auch stricken, dann fallen lassen. In der folgenden Rechtsmaschenreihe an Stelle der Fallmaschen eine neue Rechtsmasche aufnehmen. Zweckmäßig zieht man die Fallmaschen erst nach Beendigung der Strickarbeit auseinander, um ein Zusammenziehen zu vermeiden.

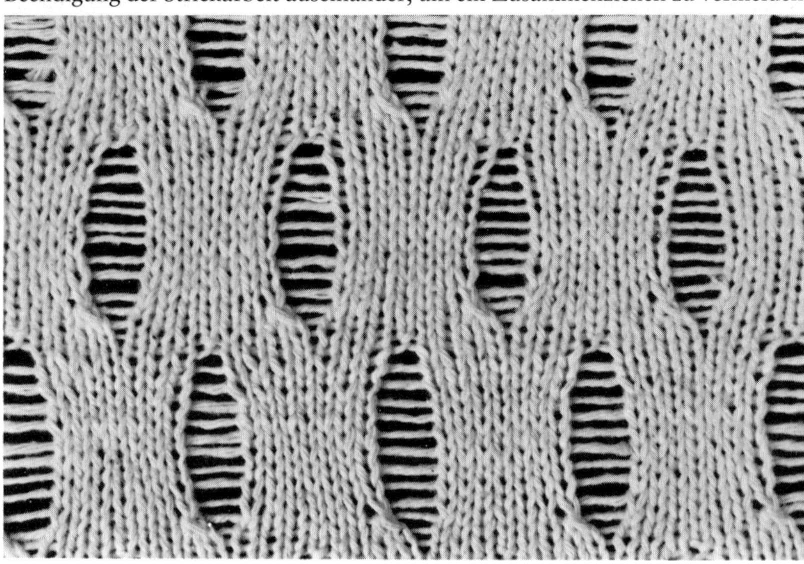

Henkelkörbchen

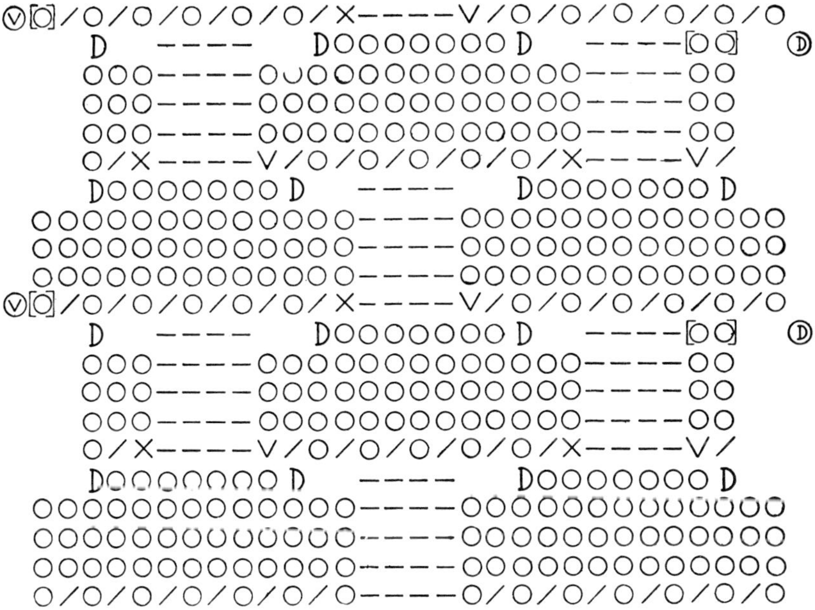

Jeder Musterreihe folgt eine Zwischenreihe, die so gestrickt wird, wie sich die Maschen zeigen.

Umgrenzte Zeichen (Einklammerung und Kreis) siehe Strickanleitung Seite 5.

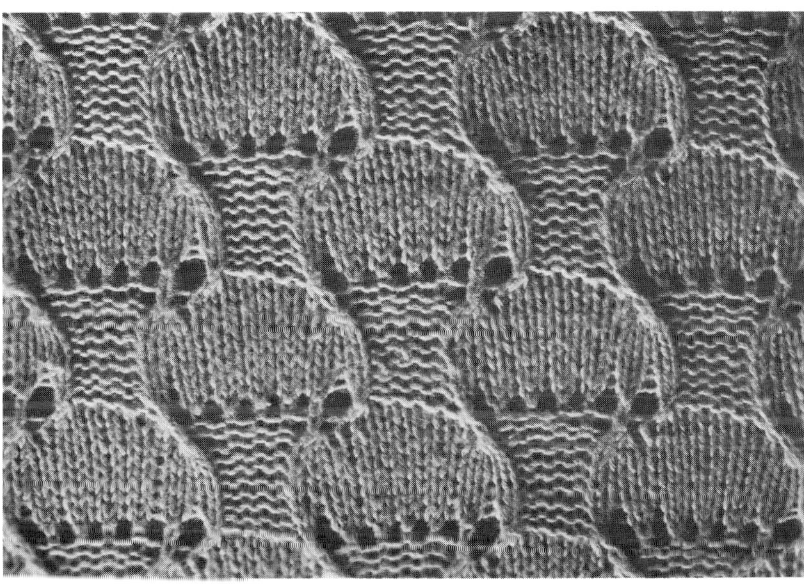

Blattmuster mit kleinen Wanzen

OOV/O/OOXVOO/O/XOOOV/O/OOXVOO/O/XOO
OOOO/OOOXVOOO/OOOOOOO/OOOXVOOO/OOOO
OOO/OOOOXVOOOO/OOOOO/OOOOXVOOOO/OOO
OO/OOOOOXVOOOOO/OOO/OOOOOXVOOOOO/OO
O/OOOOOOXVOOOOOO/O/OOOOOOXVOOOOOO/O
O/OOOOOOXVOOOOOO/O/OOOOOOXVOOOOOO/O
Ⓓ[V]/OOOOO/XV/OOOOO/D/OOOOO/XV/OOOOO/[X]Ⓓ
OV/OOO/OXVO/OOO/XOV/OOO/OXVO/OOO/XO
OOV/O/OOXVOO/O/XOOOV/O/OOXVOO/O/XOO
OOOO/OOOXVOOO/OOOOOOO/OOOXVOOO/OOOO
OOO/OOOOXVOOOO/OOOOO/OOOOXVOOOO/OOO
OO/OOOOOXVOOOOO/OOO/OOOOOXVOOOOO/OO
O/OOOOOOXVOOOOOO/O/OOOOOOXVOOOOOO/O
O/OOOOOOXVOOOOOO/O/OOOOOOXVOOOOOO/O
Ⓓ[V]/OOOOO/XV/OOOOO/D/OOOOO/XV/OOOOO/[X]Ⓓ
OV/OOO/OXVO/OOO/XOV/OOO/OXVO/OOO/XO
OOV/O/OOXVOO/O/XOOOV/O/OOXVOO/O/XOO
OOOO/OOOXVOOO/OOOOOOO/OOOXVOOO/OOOO
OOO/OOOOXVOOOO/OOOOO/OOOOXVOOOO/OOO
OO/OOOOOXVOOOOO/OOO/OOOOOXVOOOOO/OO
O/OOOOOOXVOOOOOO/O/OOOOOOXVOOOOOO/O

Jeder Musterreihe folgt eine Zwischenreihe, die so gestrickt wird, wie sich die Maschen zeigen.

Umgrenzte Zeichen (Einklammerung und Kreis) siehe Strickanleitung Seite 5.

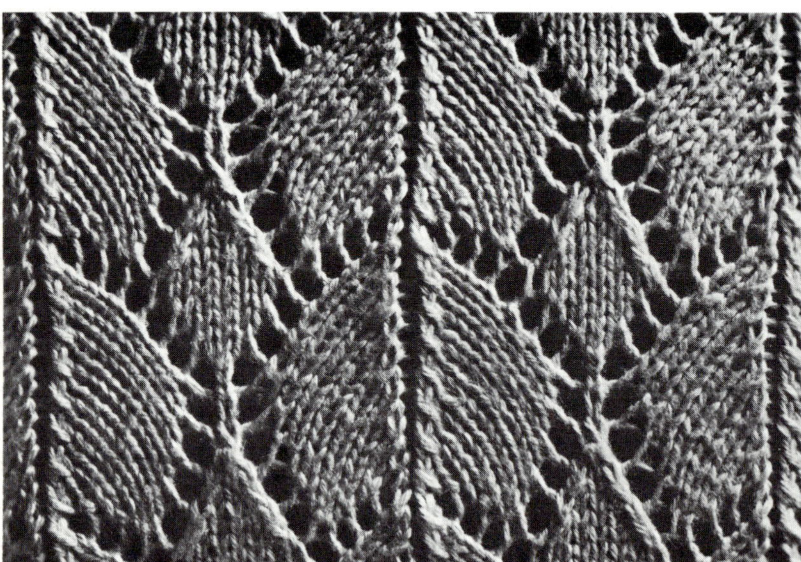

Windradl aus dem Jahre 1865

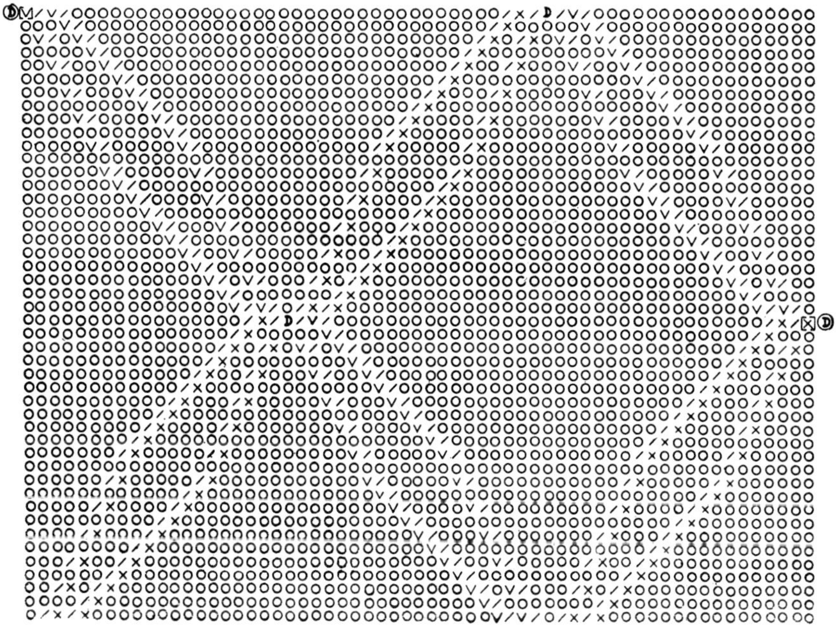

Ohne Zwischenreihen stricken. Auf jeder Nadel mustern.
Umgrenzte Zeichen (Einklammerung, Kreis) siehe Strickanleitung

Zauberbogen

8 – 8 – 8 – 8 – 8 / 8 – 8 – 8 – 8 – 8 / 8 – 8 – 8 – 8 – 8 / 8

V – 8 – 8 – 8 – 8 / V – 8 – 8 – 8 – 8 / V – 8 – 8 – 8 – 8 / 8

8 V – 8 – 8 – 8 – / 8 V – 8 – 8 – 8 – / 8 V – 8 – 8 – 8 – / 8

8 – V – 8 – 8 – 8 / 8 – V 8 – 8 – 8 / 8 – V – 8 – 8 – 8 / 8

8 – 8 V – 8 – 8 – / 8 – 8 V – 8 – 8 – / 8 – 8 V – 8 – 8 – / 8

8 – 8 – V – 8 – 8 / 8 – 8 – V – 8 – 8 / 8 – 8 – V – 8 – 8 / 8

8 – 8 – 8 V – 8 – / 8 – 8 – 8 V – 8 – / 8 – 8 – 8 V – 8 – / 8

8 – 8 – 8 – V – 8 / 8 – 8 – 8 – V – 8 / 8 – 8 – 8 – V – 8 / 8

8 – 8 – 8 – 8 V – / 8 – 8 – 8 – 8 V – / 8 – 8 – 8 – 8 V – / 8

8 – 8 – 8 – 8 – V / 8 – 8 – 8 – 8 – V / 8 – 8 – 8 – 8 – V / 8

V – 8 – 8 – 8 – 8 / V – 8 – 8 – 8 – 8 / V – 8 – 8 – 8 – 8 / 8

8 V – 8 – 8 – 8 – / 8 V – 8 – 8 – 8 – / 8 V – 8 – 8 – 8 – / 8

8 – V – 8 – 8 – 8 / 8 – V – 8 – 8 – 8 / 8 – V – 8 – 8 – 8 / 8

8 – 8 V – 8 – 8 – / 8 – 8 V – 8 – 8 – / 8 – 8 V – 8 – 8 – / 8

8 – 8 – V – 8 – 8 / 8 – 8 – V – 8 – 8 / 8 – 8 – V – 8 – 8 / 8

8 – 8 – 8 V – 8 – / 8 – 8 – 8 V – 8 – / 8 – 8 – 8 V – 8 – / 8

8 – 8 – 8 – V – 8 / 8 – 8 – 8 – V – 8 / 8 – 8 – 8 – V – 8 / 8

8 – 8 – 8 – 8 V – / 8 – 8 – 8 – 8 V – / 8 – 8 – 8 – 8 V – / 8

8 – 8 – 8 – 8 – V / 8 – 8 – 8 – 8 – V / 8 – 8 – 8 – 8 – V / 8

Ohne Zwischenreihen stricken. Jede Nadel mustern. Siehe Strickanleitung Seite 5. Das Muster verläuft schräg, es eignet sich speziell für Rundstrickarbeiten. Für Flachstricken ungeeignet.

Bäuerliches Strumpfmuster aus dem Jahre 1850

O O O O O O O O O O O O O O O O O O O O O O O O O O O O

V O O O O O O / O O O O O O V O O O O O O / O O O O O O

O V O O O O O O / O O O O O O V O O O O O O / O O O O O

O O V O O O O O O / O O O O O O V O O O O O O / O O O O

O O O V O O O O O O / O O O O O O V O O O O O O / O O O

O O O O V O O O O O O / O O O O O O V O O O O O O / O O

O O O O O V O O O O O O / O O O O O O V O O O O O O / O

O O O O O O V O O O O O O / O O O O O O V O O O O O O /

O O O O O O O O O O O O O O O O O O O O O O O O O O O O

V O O O O O O / O O O O O O V O O O O O O / O O O O O O

O V O O O O O O / O O O O O O V O O O O O O / O O O O O

O O V O O O O O O / O O O O O O V O O O O O O / O O O O

O O O V O O O O O O / O O O O O O V O O O O O O / O O O

O O O O V O O O O O O / O O O O O O V O O O O O O / O O

O O O O O V O O O O O O / O O O O O O V O O O O O O / O

O O O O O O V O O O O O O / O O O O O O V O O O O O O /

Ohne Zwischenreihen stricken. Jede Nadel mustern. Dieses Muster eignet sich nur für Rundstrickarbeiten, wie Strümpfe, Ärmel usw., da es schräg verläuft.

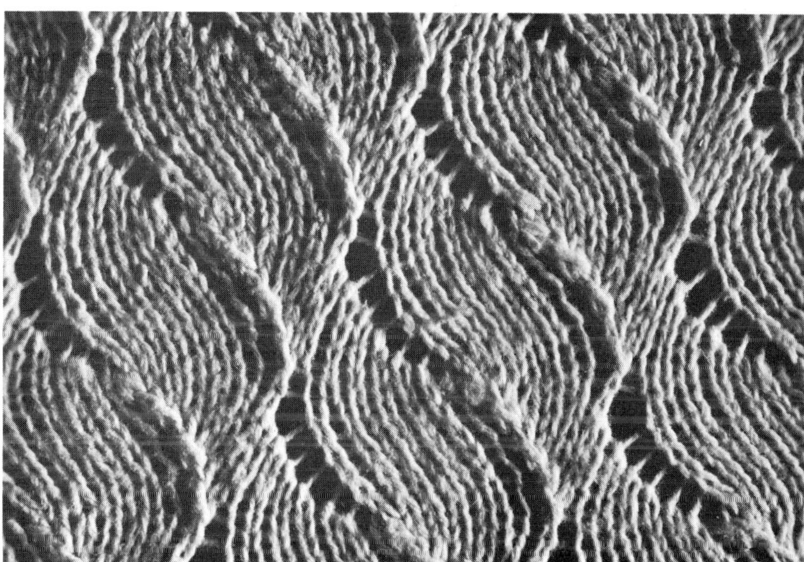

Treppenleiter

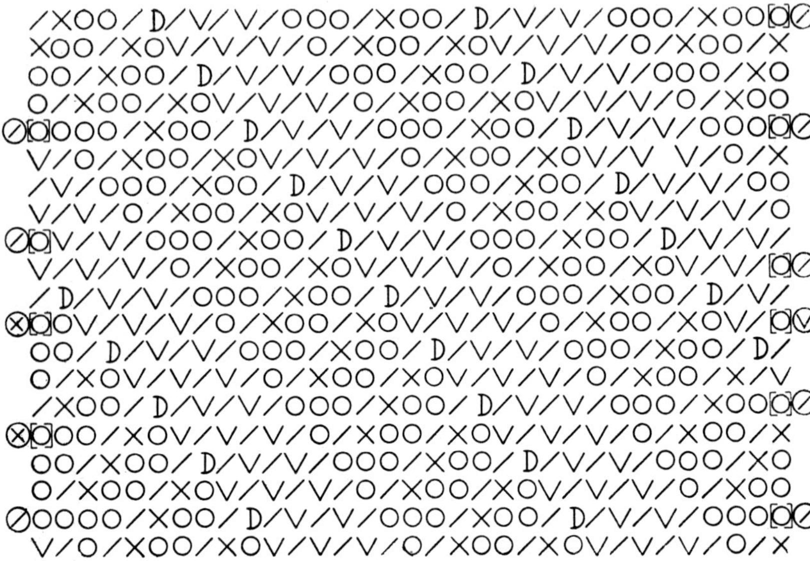

Jeder Musterreihe folgt eine Zwischenreihe, die so gestrickt wird, wie sich die Maschen zeigen. Die eingeklammerten Zeichen sind Randmaschen, die nur bei einer offenen Strickarbeit als Randmaschen gestrickt werden. Beim Rundstricken fallen sie fort. Man strickt dann die Zeichen in den danebenstehenden Kreisen.

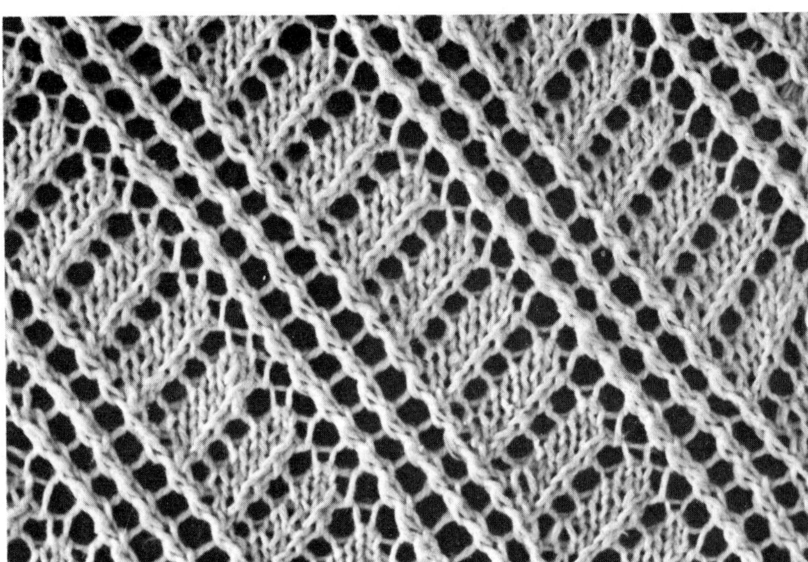

Leiterl mit Schleierstreifen aus dem Jahre 1801

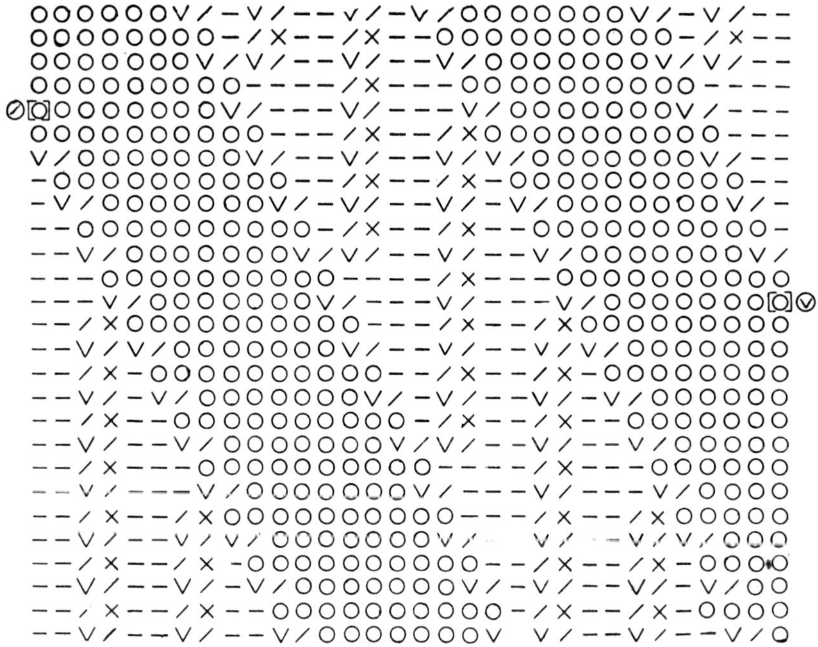

Ohne Zwischenreihen stricken. Jede Nadel mustern. Umgrenzte Maschen (Einklammerung, Kreis) siehe Strickanleitung Seite 5.

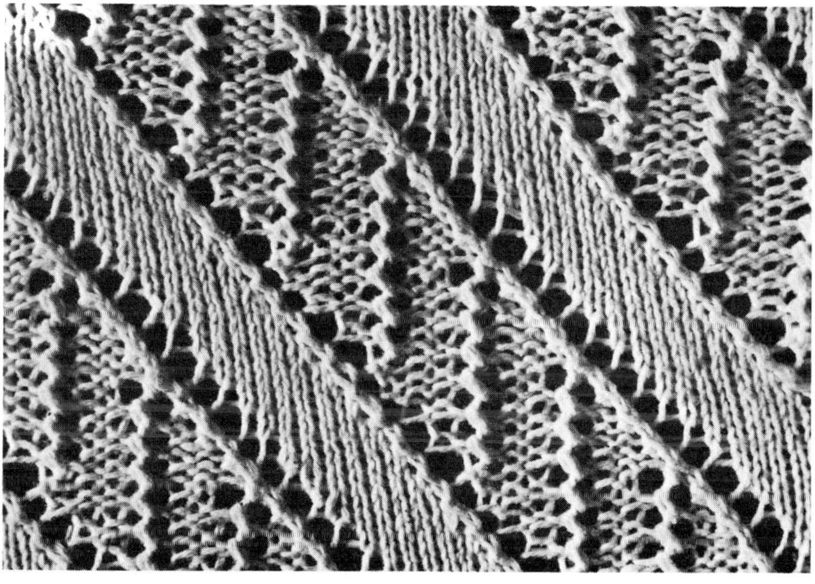

Abart der Pfauenfeder 1. Art

```
- - - O O O O O O O O O O O O O - - - O O O O O O O O O O O O O - - -
- - - O O O O O O O O O O O O O - - - O O O O O O O O O O O O O - - -
- - - 4 / O / O / O / O / O / 4 - - - 4 / O / O / O / O / O / 4 - - -
- - - O - - - - - - - - - - - O - - - O - - - - - - - - - - - O - - -
- - - O O O O O O O O O O O O O - - - O O O O O O O O O O O O O - - -
- - - O O O O O O O O O O O O O - - - O O O O O O O O O O O O O - - -
- - - 4 / O / O / O / O / O / 4 - - - 4 / O / O / O / O / O / 4 - - -
- - - O - - - - - - - - - - - O - - - O - - - - - - - - - - - O - - -
- - - O O O O O O O O O O O O O - - - O O O O O O O O O O O O O - - -
- - - O O O O O O O O O O O O O - - - O O O O O O O O O O O O O - - -
- - - 4 / O / O / O / O / O / 4 - - - 4 / O / O / O / O / O / 4 - - -
- - - O - - - - - - - - - - - O - - - O - - - - - - - - - - - O - - -
- - - O O O O O O O O O O O O O - - - O O O O O O O O O O O O O - - -
- - - O O O O O O O O O O O O O - - - O O O O O O O O O O O O O - - -
- - - 4 / O / O / O / O / O / 4 - - - 4 / O / O / O / O / O / 4 - - -
- - - O - - - - - - - - - - - O - - - O - - - - - - - - - - - O - - -
- - - O O O O O O O O O O O O O - - - O O O O O O O O O O O O O - - -
- - - O O O O O O O O O O O O O - - - O O O O O O O O O O O O O - - -
- - - 4 / O / O / O / O / O / 4 - - - 4 / O / O / O / O / O / 4 - - -
- - - O - - - - - - - - - - - O - - - O - - - - - - - - - - - O - - -
```

Jeder Musterreihe folgt eine Zwischenreihe, die so gestrickt wird, wie sich die Maschen zeigen.

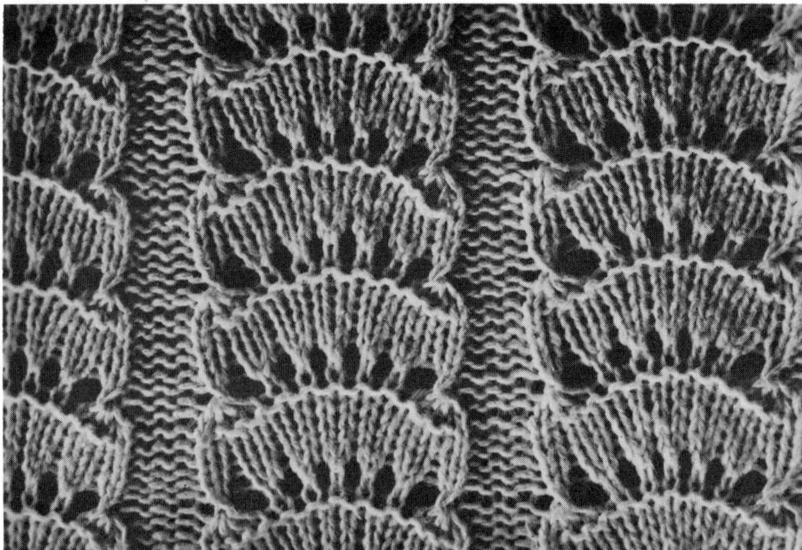

Abart der Pfauenfeder 2. Art

O	O	O	2	2	2	2	2	2	O	O	O	O	O	O	O	2	2	2	2	2	2	O	O	O	O
O	O	/	O	O	O	O	O	O	/	O	O	O	O	O	/	O	O	O	O	O	O	/	O	O	O
O	/	O	O	O	O	O	O	O	O	/	O	O	O	/	O	O	O	O	O	O	O	O	/	O	O
/	O	O	O	O	O	O	O	O	O	O	/	O	/	O	O	O	O	O	O	O	O	O	O	/	O
O	O	O	2	2	2	2	2	2	O	O	O	O	O	O	O	2	2	2	2	2	2	O	O	O	O
O	O	/	O	O	O	O	O	O	/	O	O	O	O	O	/	O	O	O	O	O	O	/	O	O	O
O	/	O	O	O	O	O	O	O	O	/	O	O	O	/	O	O	O	O	O	O	O	O	/	O	O
/	O	O	O	O	O	O	O	O	O	O	/	O	/	O	O	O	O	O	O	O	O	O	O	/	O
O	O	O	2	2	2	2	2	2	O	O	O	O	O	O	O	2	2	2	2	2	2	O	O	O	O
O	O	/	O	O	O	O	O	O	/	O	O	O	O	O	/	O	O	O	O	O	O	/	O	O	O
O	/	O	O	O	O	O	O	O	O	/	O	O	O	/	O	O	O	O	O	O	O	O	/	O	O
/	O	O	O	O	O	O	O	O	O	O	/	O	/	O	O	O	O	O	O	O	O	O	O	/	O
O	O	O	2	2	2	2	2	2	O	O	O	O	O	O	O	2	2	2	2	2	2	O	O	O	O
O	O	/	O	O	O	O	O	O	/	O	O	O	O	O	/	O	O	O	O	O	O	/	O	O	O
O	/	O	O	O	O	O	O	O	O	/	O	O	O	/	O	O	O	O	O	O	O	O	/	O	O
/	O	O	O	O	O	O	O	O	O	O	/	O	/	O	O	O	O	O	O	O	O	O	O	/	O

Jeder Musterreihe folgt eine Zwischenreihe, die so gestrickt wird, wie sich die Maschen zeigen.

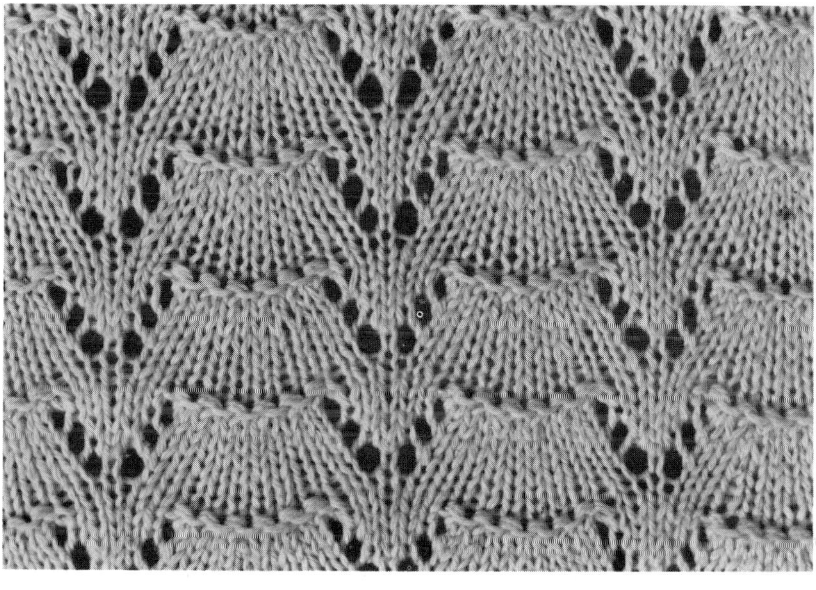

Pfauenfeder

2 2 2 O/O/O/O/O/O/O 2 2 2 2 2 2 O/O/O/O/O/O/O 2 2 2

OOOOOOOOOOOOOOOOOOOOOOOOOOOOOOOOOOOOOO

2 2 2 O/O/O/O/O/O/O 2 2 2 2 2 2 O/O/O/O/O/O/O 2 2 2

OOOOOOOOOOOOOOOOOOOOOOOOOOOOOOOOOOOOOO

2 2 2 O/O/O/O/O/O/O 2 2 2 2 2 2 O/O/O/O/O/O/O 2 2 2

OOOOOOOOOOOOOOOOOOOOOOOOOOOOOOOOOOOOOO

2 2 2 O/O/O/O/O/O/O 2 2 2 2 2 2 O/O/O/O/O/O/O 2 2 2

OOOOOOOOOOOOOOOOOOOOOOOOOOOOOOOOOOOOOO

2 2 2 O/O/O/O/O/O/O 2 2 2 2 2 2 O/O/O/O/O/O/O 2 2 2

OOOOOOOOOOOOOOOOOOOOOOOOOOOOOOOOOOOOOO

2 2 2 O/O/O/O/O/O/O 2 2 2 2 2 2 O/O/O/O/O/O/O 2 2 2

OOOOOOOOOOOOOOOOOOOOOOOOOOOOOOOOOOOOOO

2 2 2 O/O/O/O/O/O/O 2 2 2 2 2 2 O/O/O/O/O/O/O 2 2 2

OOOOOOOOOOOOOOOOOOOOOOOOOOOOOOOOOOOOOO

2 2 2 O/O/O/O/O/O/O 2 2 2 2 2 2 O/O/O/O/O/O/O 2 2 2

OOOOOOOOOOOOOOOOOOOOOOOOOOOOOOOOOOOOOO

2 2 2 O/O/O/O/O/O/O 2 2 2 2 2 2 O/O/O/O/O/O/O 2 2 2

OOOOOOOOOOOOOOOOOOOOOOOOOOOOOOOOOOOOOO

2 2 2 O/O/O/O/O/O/O 2 2 2 2 2 2 O/O/O/O/O/O/O 2 2 2

OOOOOOOOOOOOOOOOOOOOOOOOOOOOOOOOOOOOOO

2 2 2 O/O/O/O/O/O/O 2 2 2 2 2 2 O/O/O/O/O/O/O 2 2 2

Jeder Musterreihe folgt eine Zwischenreihe, die so gestrickt wird, wie sich die Maschen zeigen.

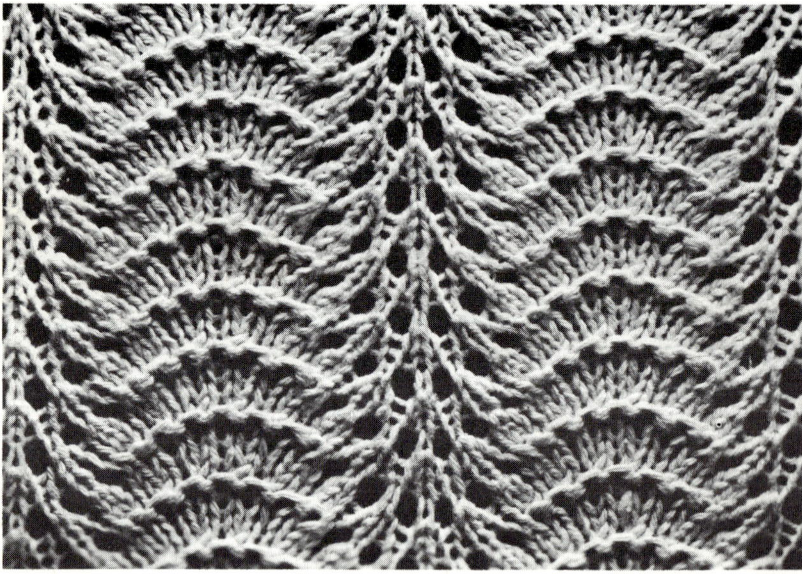

Abart der Pfauenfeder 3. Art

```
 O  O  O OOOOOOO O  O  O  O  O  O OOOOOOO O  O  O
 2  2  2 -------- 2  2  2  2  2  2 -------- 2  2  2
OOOO/O/O/O/O/O/OOOOOOOOO/O/O/O/O/O/OOOO
 O  O  O OOOOOOO O  O  O  O  O  O OOOOOOO O  O  O
 2  2  2 -------- 2  2  2  2  2  2 -------- 2  2  2
OOOO/O/O/O/O/O/OOOOOOOOO/O/O/O/O/O/OOOO
 O  O  O OOOOOOO O  O  O  O  O  O OOOOOOO O  O  O
 2  2  2 -------- 2  2  2  2  2  2 -------- 2  2  2
OOOO/O/O/O/O/O/OOOOOOOOO/O/O/O/O/O/OOOO
 O  O  O OOOOOOO O  O  O  O  O  O OOOOOOO O  O  O
 2  2  2 -------- 2  2  2  2  2  2 -------- 2  2  2
OOOO/O/O/O/O/O/OOOOOOOOO/O/O/O/O/O/OOOO
 O  O  O OOOOOOO O  O  O  O  O  O OOOOOOO O  O  O
 2  2  2 -------- 2  2  2  2  2  2 -------- 2  2  2
OOOO/O/O/O/O/O/OOOOOOOOO/O/O/O/O/O/OOOO
 O  O  O OOOOOOO O  O  O  O  O  O OOOOOOO O  O  O
 2  2  2 -------- 2  2  2  2  2  2 -------- 2  2  2
OOOO/O/O/O/O/O/OOOOOOOOO/O/O/O/O/O/OOOO
 O  O  O OOOOOOO O  O  O  O  O  O OOOOOOO O  O  O
 2  2  2 -------- 2  2  2  2  2  2 -------- 2  2  2
OOOO/O/O/O/O/O/OOOOOOOOO/O/O/O/O/O/OOOO
```

Jeder Musterreihe folgt eine Zwischenreihe, die so gestrickt wird, wie sich die Maschen zeigen.

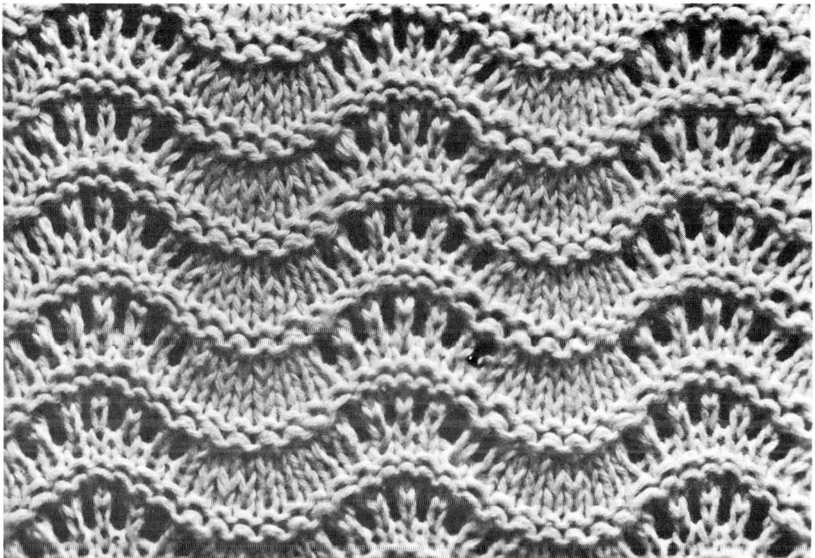

Spannfadenmuster für Strümpfe und Borden

O--V/OOOOOOOOV/V/OOO/X/XOOOOOOV/OO--O
O--OO/XOOOOOOOV/V/O/X/XOOOOOOOOO/X--O
O--V/OOOOOOOOOO/X/D/V/OOOOOOOOV/OO--O
O--OO/XOOOOOOO/X/XOV/V/OOOOOOOOO/X--O
O--V/OOOOOOOO/X/XOOOV/V/OOOOOOV/OO--O
O--OO/XOOOOO/X/XOOOOOV/V/OOOOOOO/X--O
O--V/OOOOOV/V/OOOOOOOOO/X/XOOOV/OO--O
O--OO/XOOOOV/V/OOOOOOO/X/XOOOOOO/X--O
O--V/OOOOOOOV/V/OOOOO/X/XOOOOOV/OO--O
O--OO/XOOOOOOV/V/OOO/X/XOOOOOOOO/X--O
O--V/OOOOOOOOOV/V/O/X/XOOOOOOOV/OO--O
O--OO/XOOOOOOOO/X/D/V/OOOOOOOOOO/X--O
O--V/OOOOOOOOO/X/XOV/V/OOOOOOOV/OO--O
O--OO/XOOOOOO/X/XOOOV/V/OOOOOOOO/X--O
O--V/OOOOOOO/X/XOOOOOV/V/OOOOOV/OO--O
O--OO/XOOOV/V/OOOOOOOOO/X/XOOOOO/X--O
O--V/OOOOOOV/V/OOOOOOO/X/XOOOOV/OO--O
O--OO/XOOOOOV/V/OOOOO/X/XOOOOOOO/X--O
O--V/OOOOOOOOV/V/OOO/X/XOOOOOOV/OO--O
O--OO/XOOOOOOOV/V/O/X/XOOOOOOOOO/X--O
O--V/OOOOOOOOOOV/OOO/XOOOOOOOOV/OO--O

Ohne Zwischenreihen stricken. Auf jeder Nadel mustern.

Russisches Nahtel mit Gitterstreifen

/ X O O / X O O O O O O O O O O / X O O / X O O

O O / X O O / X O O O O / X O O O O / X O O / X

/ X O O / X O O O O O / X / X O / X O O / X O O

O O / X O O / X O O / X / X / X O O / X O O / X

/ X O O / X O O O / X / X / X O / X O O / X O O

O O / X O O / X O O / X / X O O O O / X O O / X

/ X O O / X O O O O O / X O O O / X O O / X O O

O O / X O O / X O O O O O O O O O O / X O O / X

/ X O O / X O O O O O O / X O O / X O O / X O O

O O / X O O / X O O O / X / X O O O / / O O / X

/ X O O / X O O O O / X / X / X / X O O / X O O

O O / X O O / X O / X / X / X O O O / X O O / X

/ X O O / X O O O O / X / X O O / X O O / X O O

O O / X O O / X O O O / X O O O O O / X O O / X

Russische Nahtel = die ersten 8 und die letzten 8 Maschen der Stricktafel auf jeder Nadel mustern.
Gitterstreifen (siehe Einklammerung) = einmal mustern, einmal drüberstricken. Die Zwischenreihe ist nicht mit aufgezeichnet.

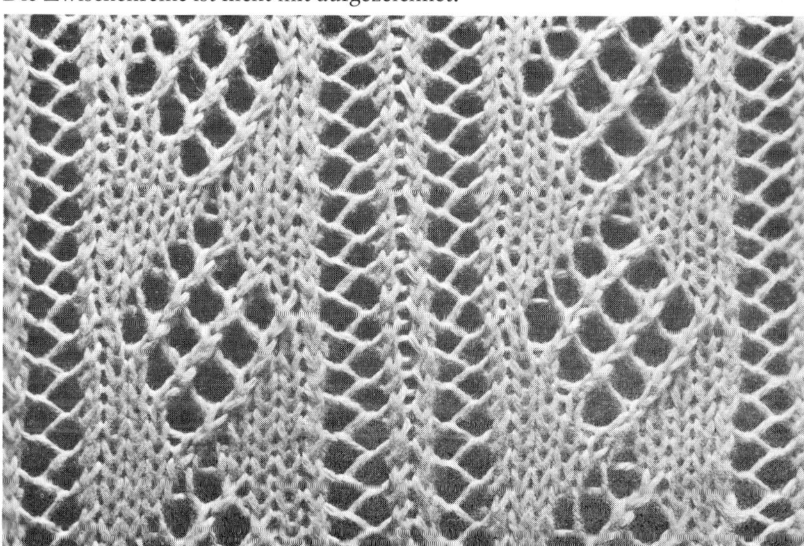

Zierliches Spitzenmuster

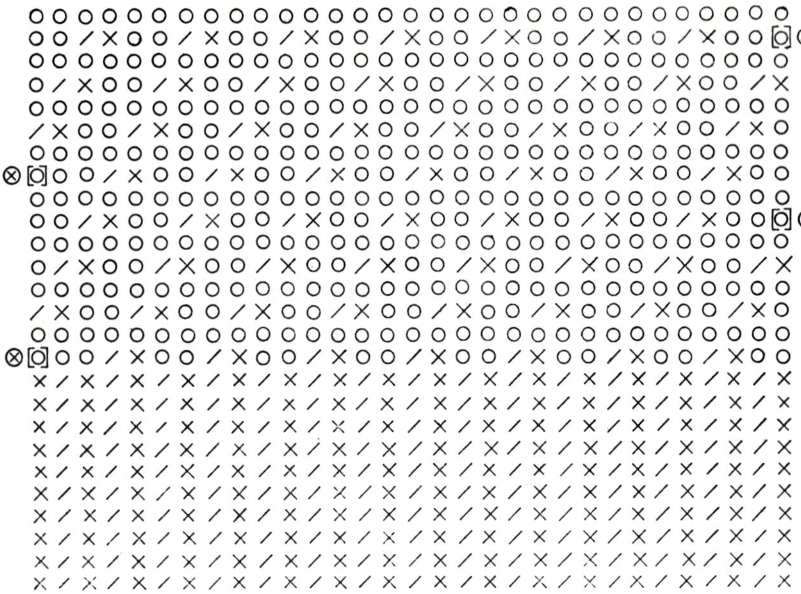

Ohne Zwischenreihen stricken. Auf jeder Nadel mustern. Umgrenzte Zeichen (Einklammerung, Kreis) siehe Strickanleitung Seite 5.

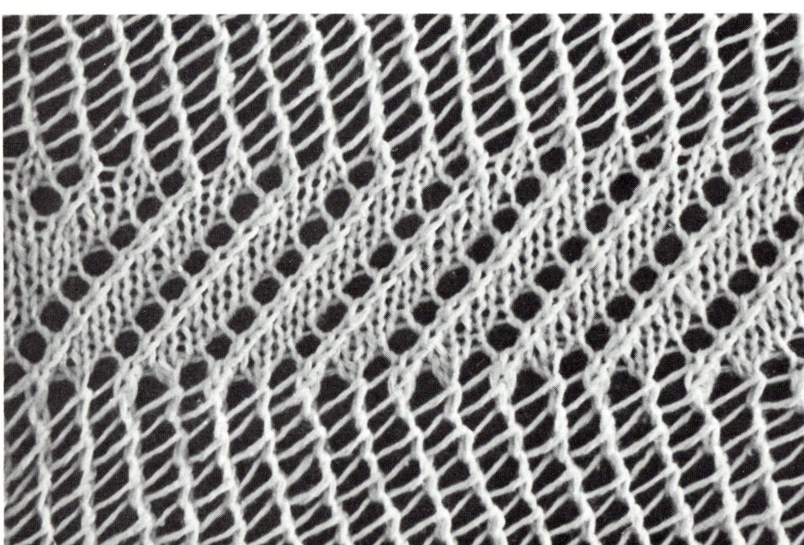

Würfelmuster mit Blitzmodel

OOOOO/X/X/D/V/V/OOOOOOOOO/X/X/[X](D)
OOOO/X/X/XOV/V/V/OOOOOOO/X/X/XO
OOO/X/X/XOOOV/V/V/OOOOO/X/X/XOO
OO/X/X/XOOOOOV/V/V/OOO/X/X//OOO
O/X/X/XOOOOOOOV/V/V/O/X/X//OOOO
(D)[V]/V/V/OOOOOOOOO/X/X/D/V/V/OOOOO
OV/V/V/OOOOOOO/X/X/XOV/V/V/OOOO
OOV/V/V/OOOOO/X/X/XOOOV/V/V/OOO
OOOV/V/V/OOO/X/X/XOOOOOV/V/V/OO
OOOOV/V/V/O/X/X/XOOOOOOOV/V/V/O
OOOOO/X/X/D/V/V/OOOOOOOOO/X/X/[X](D)
OOOO/X/X/XOV/V/V/OOOOOOO/X/X/XO
OOO/X/X/XOOOV/V/V/OOOOO/X/X/XOO
OO/X/X/XOOOOOV/V/V/OOO/X/X/XOOO
O/X/X/XOOOOOOOV/V/V/O/X/X/XOOOO
(D)[V]/V/V/OOOOOOOOO/X/X/D/V/V/OOOOO
OV/V/V/OOOOOOO/X/X/XOV/V/V/OOOO
OOV/V/V/OOOOO/X/X/XOOOV/V/V/OOO
OOOV/V/V/OOO/X/X/XOOOOOV/V/V/OO
OOOOV/V/V/O/X/X/XOOOOOOOV/V/V/O

Jeder Musterreihe folgt eine Zwischenreihe, die so gestrickt wird, wie sich die Maschen zeigen.
Umgrenzte Zeichen (Einklammerung, Kreis) siehe Strickanleitung Seite 5.

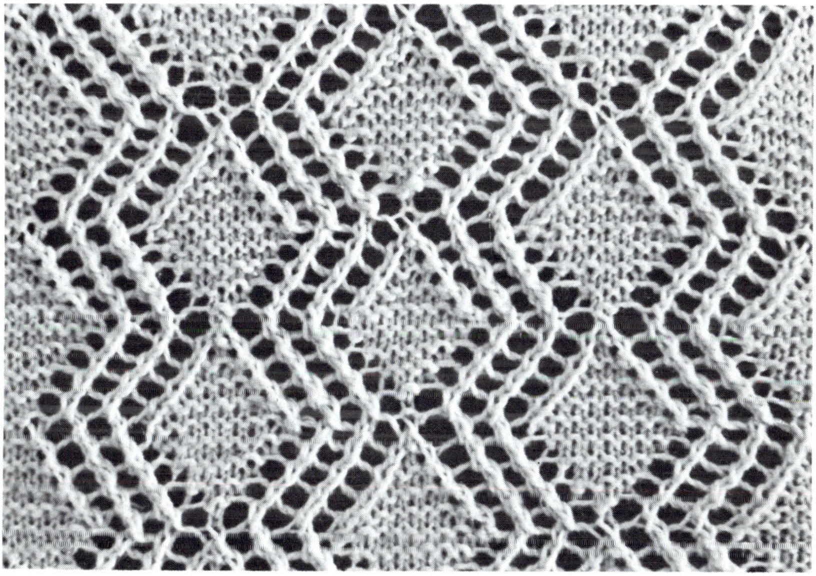

Zipflkappn – altes Volkskunstmuster aus Wien

```
- - - - - - - - - - - - - - - - - - - - - - - - - - -
- - - - - - - - - - - - - - - - - - - - - - - - - - -
8 - -             O - - 8 - -             O - - 8 - -
8 - -             V - - 8 - -             V - - 8 - -
8 - -           V O - - 8 - -           V O - - 8 - -
8 - -         V O O - - 8 - -         V O O - - 8 - -
8 - -       V O O O - - 8 - -       V O O O - - 8 - -
8 - -     V O O O O - - 8 - -     V O O O O - - 8 - -
8 - -   V O O O O O - - 8 - -   V O O O O O - - 8 - -
8 - - / / / / / / / - - 8 - - / / / / / / / - - 8 - -
- - - - - - - - - - - - - - - - - - - - - - - - - - -
- - - - - - - - - - - - - - - - - - - - - - - - - - -
8 - -             O - - 8 - -             O - - 8 - -
8 - -             V - - 8 - -             V - - 8 - -
8 - -           V O - - 8 - -           V O - - 8 - -
8 - -         V O O - - 8 - -         V O O - - 8 - -
8 - -       V O O O - - 8 - -       V O O O - - 8 - -
8 - -     V O O O O - - 8 - -     V O O O O - - 8 - -
8 - -   V O O O O O - - 8 - -   V O O O O O - - 8 - -
8 - - / / / / / / / - - 8 - - / / / / / / / - - 8 - -
```

Jeder Musterreihe folgt eine Zwischenreihe, die so gestrickt wird, wie sich die Maschen zeigen.

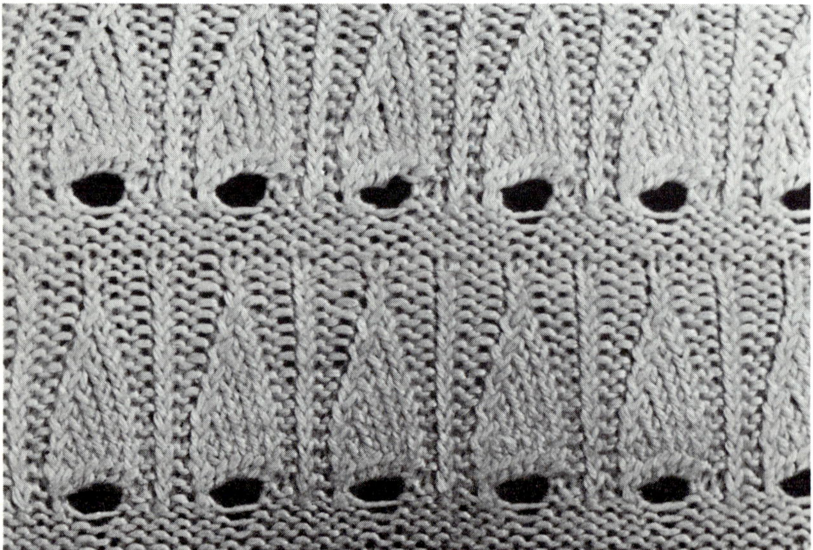

Gänseblümchen

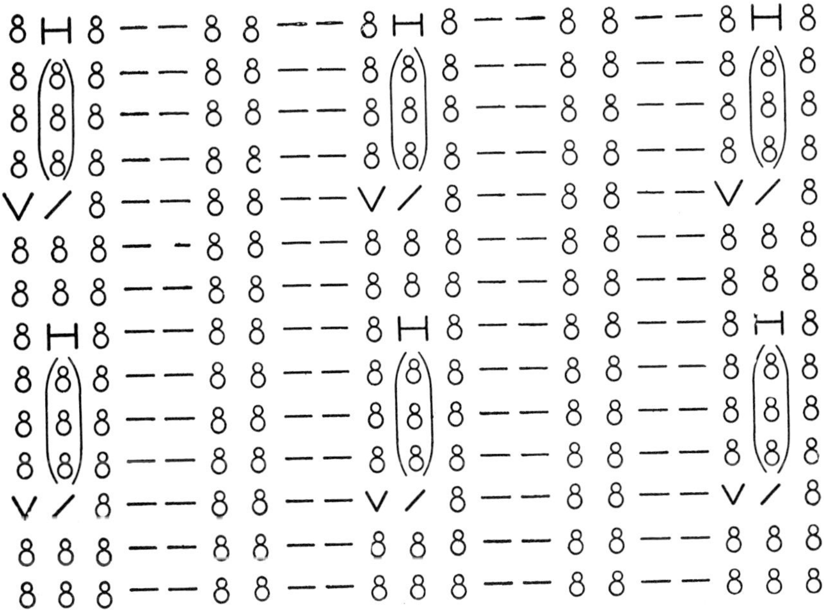

Jeder Musterreihe folgt eine Zwischenreihe, die so gestrickt wird, wie sich die Maschen zeigen. Bevor das ⊢⊣ gestrickt wird, läßt man die eingeklammerten Maschen fallen bis zum Umschlag und nimmt dann die Spannfäden auf, siehe Strickschrift Seite 4.

Zickzackmodel

V/V/V/V/OV/OOOOOOV/V/V/V/V/OV/OOOOOOV/
OOOOOOOOOO/XOOOOOO/XOOOOOOOOOO/XOOOOOO[O] ⊘
/X/X/X/XO/XOOOOOO/X/X/X/X/XO/XOOOOOO/X
OOOOOOOO/XOOOOOOO/XOOOOOOOOOO/XOOOOOOO/XO
V/V/V/O/XOOOOOOO/XV/V/V/V/O/XOOOOOOO/XV/
OOOOOO/XOOOOOOO/XOOOOOOOOOO/XOOOOOOO/XOOO
/X/XO/XOOOOOOO/X/X/X/X/XO/XOOOOOOO/X/X/X
OOOO/XOOOOOOO/XOOOOOOOOOO/XOOOOOOO/XOOOOO
V/O/XOOOOOOO/XV/V/V/V/O/XOOOOOOO/XV/V/V/
OOV/OOOOOOOV/OOOOOOOOOV/OOOOOOOV/OOOOOOO
/XOV/OOOOOOV/OO/X/X/XOV/OOOOOOV/OO/X/X
OOOOV/OOOOOOV/OOOOOOOOOV/OOOOOOV/OOOOO
V/V/OV/OOOOOOV/V/V/V/V/OV/OOOOOOV/V/V/
OOOOOOV/OOOOOOV/OOOOOOOOOV/OOOOOOV/OOO
/X/X/XOV/OOOOOOV/OO/X/X/XOV/OOOOOOV/OO
OOOOOOOOV/OOOOOOV/OOOOOOOOOV/OOOOOOV/O
V/V/V/V/OV/OOOOOOV/V/V/V/V/OV/OOOOOOV/
OOOOOOOOOO/XOOOOOO//OOOOOOOOOO/XOOOOOO[O] ⊘
/X/X/X/XO/XOOOOOO/X/X/X/X/XO/XOOOOOOO/X
OOOOOOOO/XOOOOOOO/XOOOOOOOOOO/XOOOOOOO/XO
V/V/V/O/XOOOOOOO/XV/V/V/V/O/XOOOOOOO/XV/
OOOOOO/XOOOOOOO/XOOOOOOOOOO/XOOOOOOO/XOOO
/X/XO/XOOOOOOO/X/X/X/X/XO/XOOOOOOO/X/X/X
OOOO/XOOOOOOO/XOOOOOOOOOO/XOOOOOOO/XOOOOO
V/O/XOOOOOOO/XV/V/V/V/O/XOOOOOOO/XV/V/V/

Ohne Zwischenreihen stricken, jede Nadel mustern. Umgrenzte Zeichen (Einklammerung, Kreis) siehe Strickanleitung Seite 5.

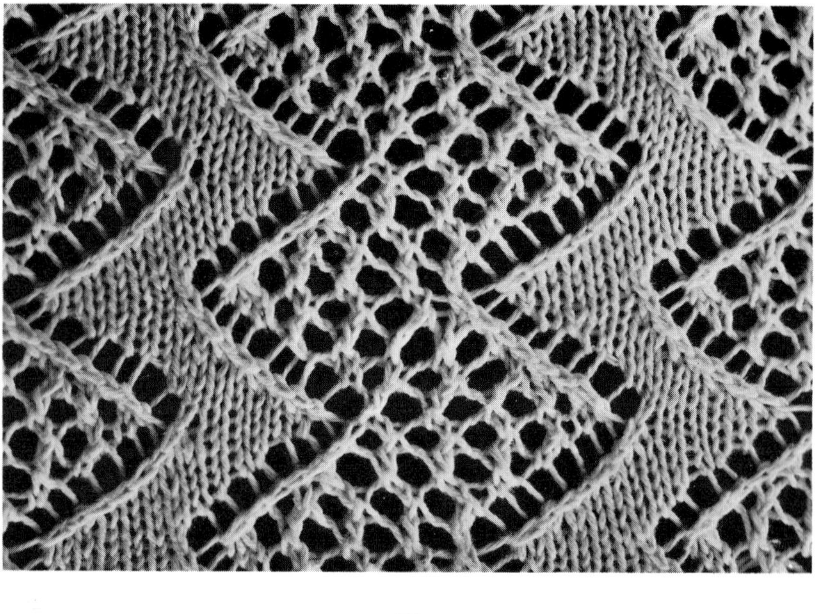

Kornähren – ein Spannfadenmodel

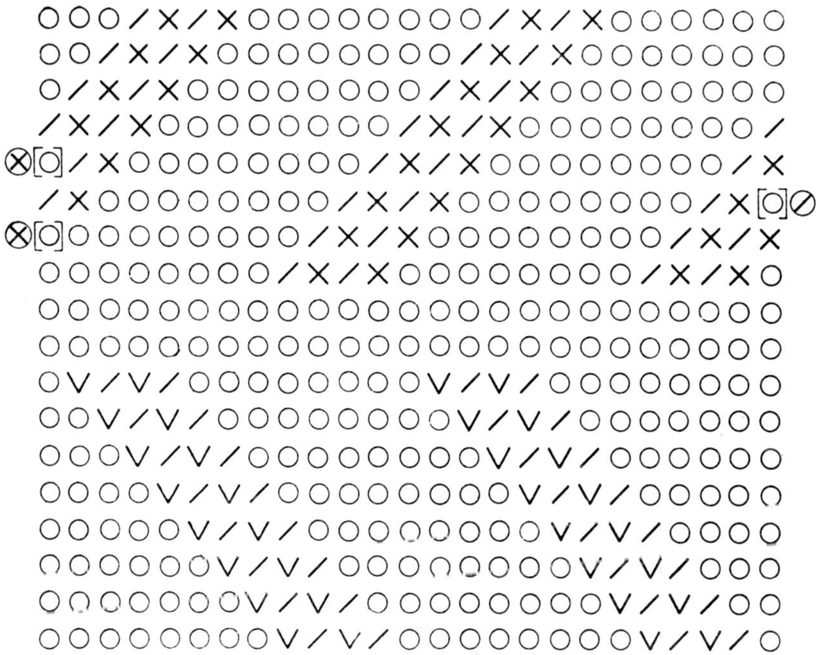

Ohne Zwischenreihen stricken, jede Nadel mustern. Umgrenzte Zeichen (Einklammerung, Kreis) siehe Strickanleitung Seite 5.

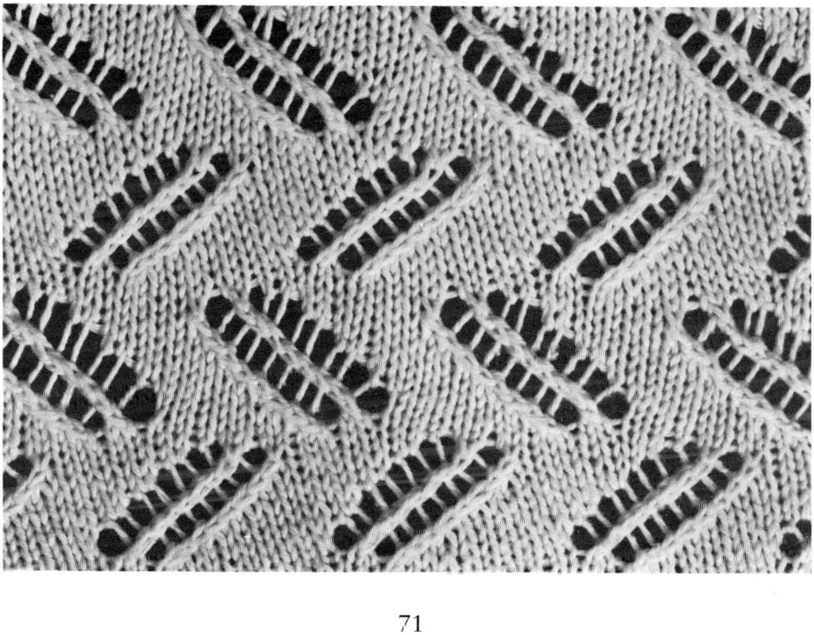

Bäumchen und Spitzenstreifen

OO/X OOOOO OO/X88888888o8888888888OO/X
V/OO V/O/X V/OO888888/88D88/888888V/OO
OO/X OOOOO OO/X88888/88X8V88/88888OO/X
V/OO V/D/X V/OO8888/88X888V88/8888V/OO
OO/XOOOOOOOOO/X888/88X88888V88/888OO/X
V/OOOV/OV/OV/OO88/88X8888888V88/88V/OO
OO/XOOOOOOOOO/X8/88X888888888V88/8OO/X
V/OOOVOOO/OV/OO/88X88888888888V88/V/OO
OO/X OOOOO OO/X8888888888888888888OO/X
V/OO V/O/X V/OO888888/88D88/888888V/OO
OO/X OOOOO OO/X88888/88X8V88/88888OO/X
V/OO V/D/X V/OO8888/88X888V88/8888V/OO
OO/XOOOOOOOOO/X888/88X88888V88/888OO/X
V/OOOV/OV/OV/OO88/88X8888888V88/88V/OO
OO/XOOOOOOOOO/X8/88X888888888V88/8OO/X
V/OOOVOOO/OV/OO/88X88888888888V88/V/OO
OO/X OOOOO OO/X8888888888888888888OO/X
V/OO V/O/X V/OO888888/88D88/888888V/OO
OO/X OOOOO OO/X88888/88X8V88/88888OO/X
V/OO V/D/X V/OO8888/88X888V88/8888V/OO
OO/XOOOOOOOOO/X888/88X88888V88/888OO/X
V/OOOV/OV/OV/OO88/88X8888888V88/88V/OO
OO/XOOOOOOOOO/X8/88X888888888V88/8OO/X
V/OOOVOOO/OV/OO/88X88888888888V88/V/OO

Ohne Zwischenreihen stricken, jede Nadel mustern.

Tannenbäumchen

O O / X O O O O O O O V / O O O / X O O O O O O O V / O O

O / X / X O O O O O V / V / O / X / X O O O O O V / V / O

O O / X / X O O O V / V / O O O / X / X O O O V / V / O O

O / X / X / X O V / V / V / O / X / X / X O V / V / V / O

O O / X / X O O O V / V / O O O / X / X O O O V / V / O O

O / X / X O O O O O V / V / O / X / X O O O O O V / V / O

O O / X O O O O O O O V / O O O / X O O O O O O O V / O O

O / X O O V / O / X O O V / O / X O O V / O / X O O V / O

O O O O V / O O O / X O O O O O O O V / O O O / X O O O O

O O O V / V / O / X / X O O O O O V / V / O / X / X O O O

O O V / V / O O O / X / X O O O V / V / O O O / X / X O O

O V / V / V / O / X / X / X O V / V / V / O / X / X / X O

O O V / V / O O O / X / X O O O V / V / O O O / X / X O O

O O O V / V / O / X / X O O O O O V / V / O / X / X O O O

O O O O V / O O O / X O O O O O O O V / O O O / X O O O O

O / X O O V / O / X O O V / O / X O O V / O / X O O V / O

Jeder Musterreihe folgt eine Zwischenreihe, die so gestrickt wird, wie sich die Maschen zeigen.

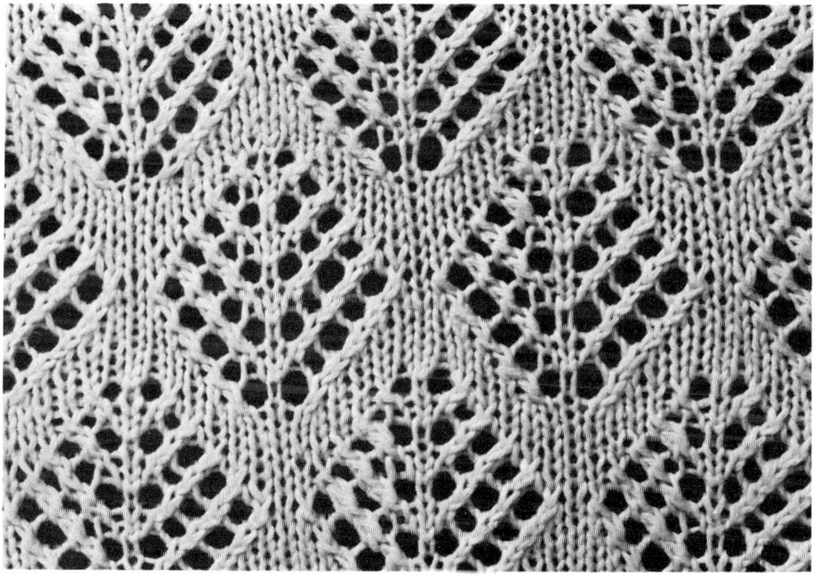

Russisches Nahtel mit kleinen Wanzen

O	O	/	X	O	O	O	O	O	/	X	O	O	O	O	O	/	X
V	/	O	O	O	O	O	V	/	O	O	O	O	O	V	/	O	O
O	O	/	X	O	O	O	O	O	/	X	O	O	O	O	O	/	X
V	/	O	O	/	D	/	V	/	O	O	/	D	/	V	/	O	O
O	O	/	X	O	O	O	O	O	/	X	O	O	O	O	O	/	X
V	/	O	O	O	O	O	V	/	O	O	O	O	O	V	/	O	O
O	O	/	X	O	O	O	O	O	/	X	O	O	O	O	O	/	X
V	/	O	O	/	D	/	V	/	O	O	/	D	/	V	/	O	O
O	O	/	X	O	O	O	O	O	/	X	O	O	O	O	O	/	X
V	/	O	O	O	O	O	V	/	O	O	O	O	O	V	/	O	O
O	O	/	X	O	O	O	O	O	/	X	O	O	O	O	O	/	X
V	/	O	O	/	D	/	V	/	O	O	/	D	/	V	/	O	O

Ohne Zwischenreihen stricken, jede Nadel mustern.

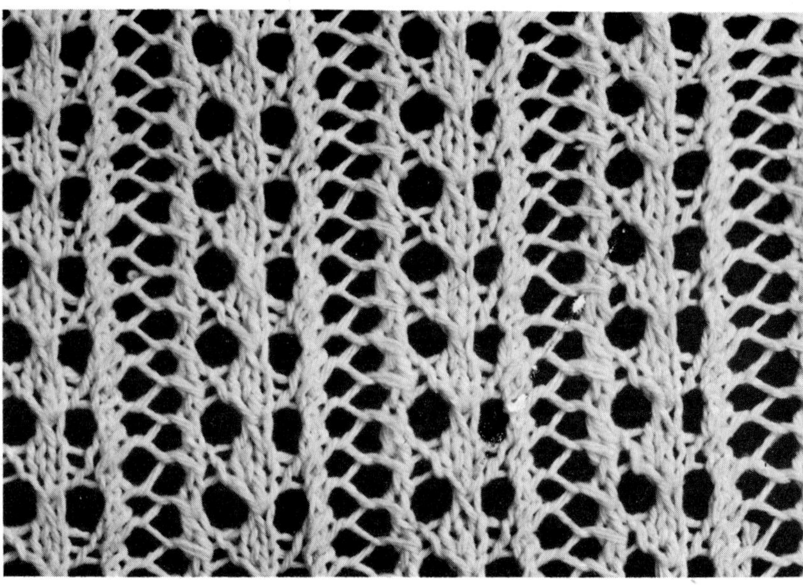

Drahdi mit Leiterl

– – V / / X – – o o o o – – V / / X – – o o o o – –
– – O O – O – – O O O O – – O O – O – – O O O O – –
– – V / / X – – O O O O – – V / / X – – O O O O – –
– – O O – O – – O O O O – – O O – O – – O O O O – –
– – V / / X – – O O O O – – V / / X – – O O O O – –
– – O O – O – – O O O O – – O O – O – – O O O O – –
– – V / / X – – o o o o – – V / / X – – o o o o – –
– – O O – O – – O O O O – – O O – O – – O O O O – –
– – V / / X – – O O O O – – V / / X – – O O O O – –
– – O O – O – – O O O O – – O O – O – – O O O O – –
– – V / / X – – O O O O – – V / / X – – O O O O – –
– – O O – O – – O O O O – – O O – O – – O O O O – –
– – V / / X – – o o o o – – V / / X – – o o o o – –
– – O O – O – – O O O O – – O O – O – – O O O O – –
– – V / / X – – O O O O – – V / / X – – O O O O – –

Ohne Zwischenreihen stricken, jede Nadel mustern.

Offenes Ketterl

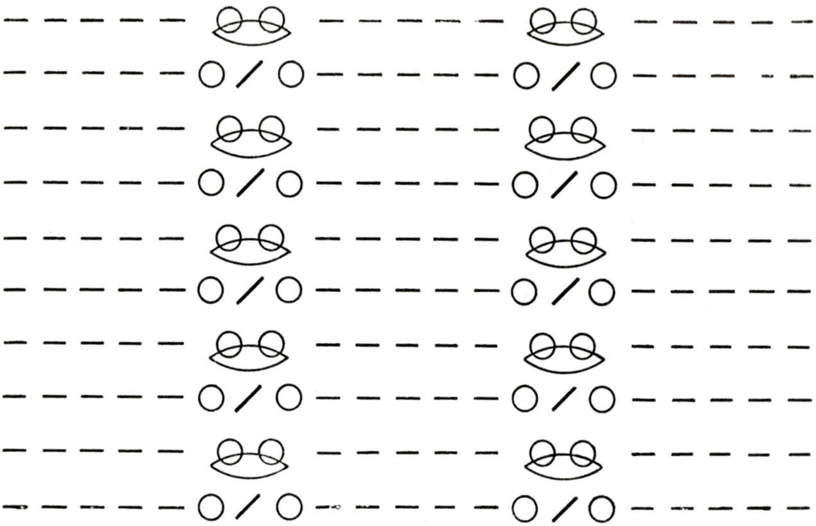

Jeder Musterreihe folgt eine Zwischenreihe, die so gestrickt wird, wie sich die Maschen zeigen. In jeder 2., 4., 6. Musterreihe ist die 1. Rechtsmasche als Spindel gezeichnet. Alle drei Rechtsm. werden gestrickt und zum Schluß die 1. Rechtsm. über die beiden anderen gezogen, so daß die erste Masche die anderen Maschen umschlingt. Lage der ersten Masche siehe Spindelzeichen.

Die verdrehte Masche als Zier

8 8 — — — 8 — — — 8 — 8 — — 8 — — 8

8 8 — — — 8 — — — 8 — 8 — — 8 — — 8

8 — 8 — — — 8 — — — 8 8 — — 8 — — 8

8 — 8 — — — 8 — — — 8 8 — — 8 — — 8

8 8 — — — 8 — — — 8 — 8 — — 8 — — 8

8 8 — — — 8 — — — 8 — 8 — — 8 — — 8

8 — 8 — — — 8 — — — 8 8 — — 8 — — 8

8 — 8 — — — 8 — — — 8 8 — — 8 — — 8

8 8 — — — 8 — — — 8 — 8 — — 8 — — 8

8 8 — — — 8 — — — 8 — 8 — — 8 — — 8

8 — 8 — — — 8 — — — 8 8 — — 8 — — 8

8 — 8 — — — 8 — — — 8 8 — — 8 — — 8

Ein schönes Bordenmuster, welches mit farbigem Garn oder Wolle nachgenäht werden kann.

Sternmuster

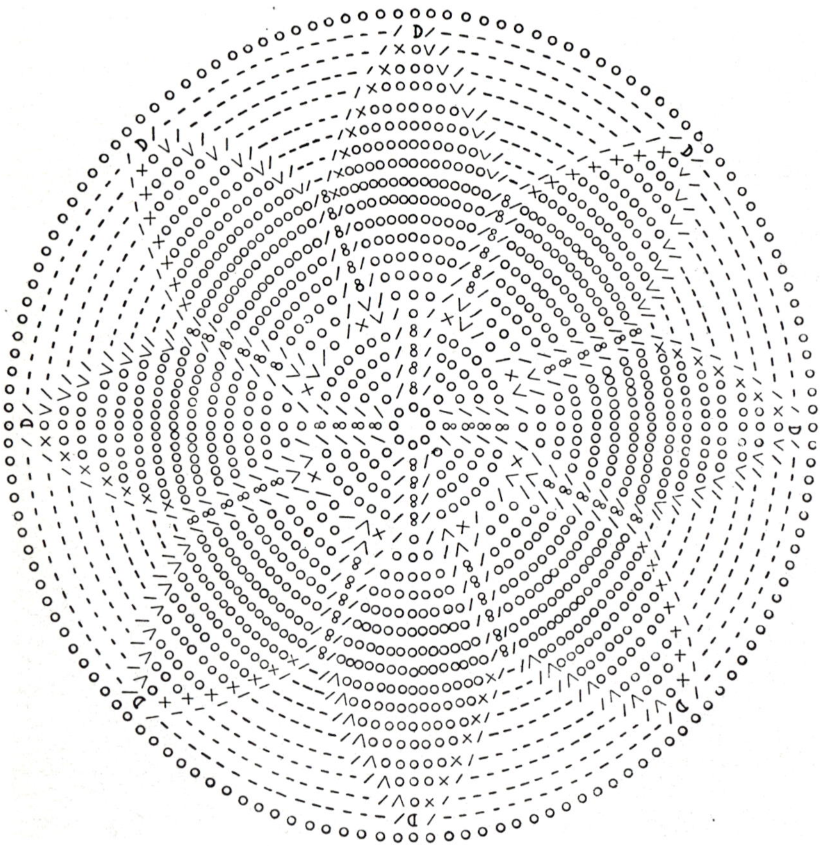

Deckchengröße: 22 cm
Mit 8 Maschen in der Mitte beginnend. Soll das Deckchen größer werden, wird die Minderung in der 14. Musterreihe erst später angefangen. Man strickt also die 14. Reihe wie die 13. Reihe und bekommt das Sternmuster um jeweils 2 Maschen größer. Jeder Musterreihe folgt eine Zwischenreihe, die so gestrickt wird, wie sich die Maschen zeigen.

Sternmuster

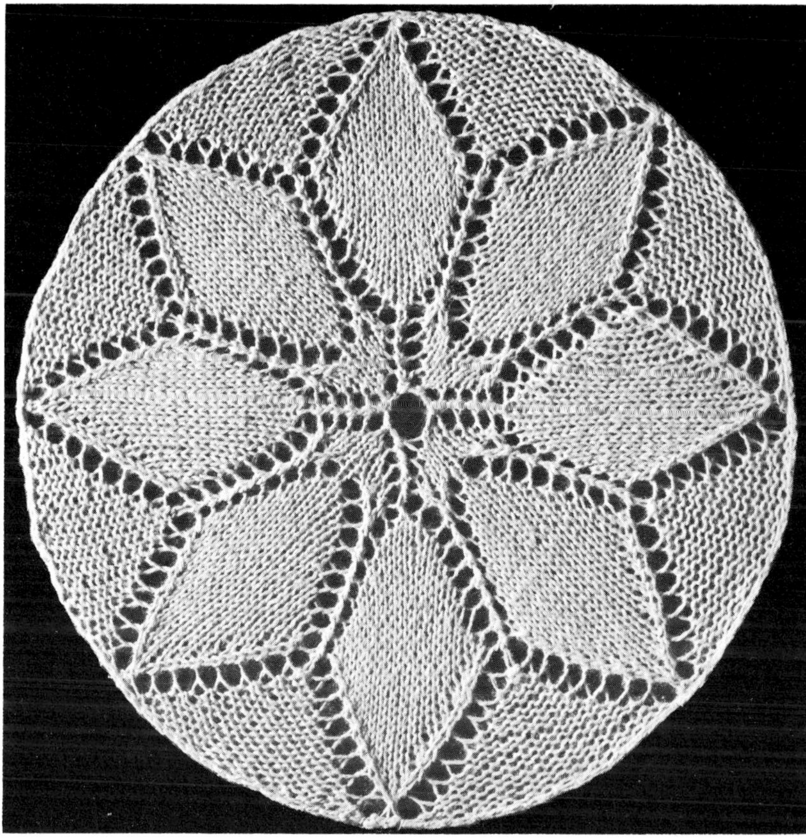

Das Deckchen kann nach Fertigstellung mit einer kleinen Häkelei verziert werden.

Jankermodel aus St. Kathrin am Hauenstein
Drahdi und Zopf grau gestrickt und grün nachgenäht.

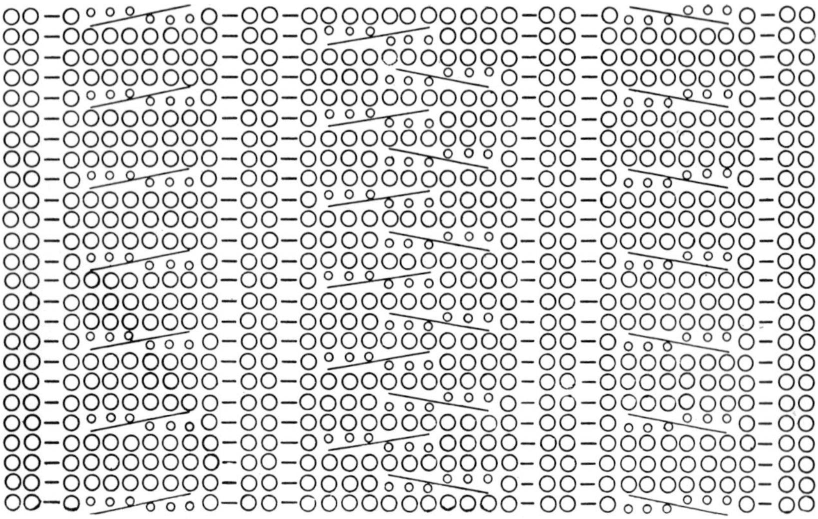

Die ersten 3 Maschen auf Hilfsnadel nach vorn, die nächsten 3 Maschen stricken, Hilfsnadel abstricken. Reihenfolgen 4 – 5 – 6 – 1 – 2 – 3.

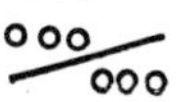

Die ersten 3 Maschen auf Hilfsnadel nach hinten, die nächsten 3 Maschen stricken. Hilfsnadel abstricken. Reihenfolge 4 – 5 – 6 – 1 – 2 – 3.

Zugmaschenmodel aus dem Ennstal

Strickanweisung gilt nur für den Doppeldrahdi (dreh dich)
Doppeldrahdi = 8 Rechtsmaschen.
1. Reihe: die ersten 4 Maschen mit Hilfe einer 3. Nadel abheben und nach hinten ziehen, ohne zu stricken.
5., 6. Masche stricken
1., 2. Masche stricken
3., 4. Masche mit der Hilfsnadel nach vorne ziehen, nicht stricken
7., 8. Masche stricken
3., 4. Masche stricken
2., 3., 4. Reihe drüberstricken
5. Reihe:
1., 2. Masche stricken
3., 4. Masche nach hinten auf Hilfsnadel abheben, nicht stricken
5., 6. Masche stricken
3., 4. Masche stricken
7., 8. Masche stricken
6., 7., 8. Reihe drüberstricken
von der 2. Reihe bis 8. Reihe wiederholen, dann wieder mit Reihe 1 beginnen.
Damit das Muster sich besser abhebt, kann man die ersten beiden Maschen und die letzten Maschen rechts verdreht stricken.

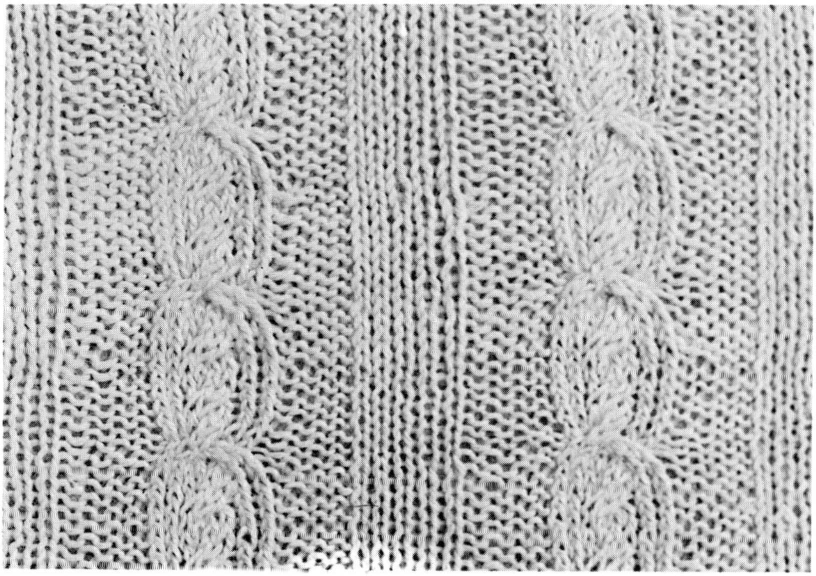

Gebirgsenzian – Wadenkeil für Frauenstrümpfe

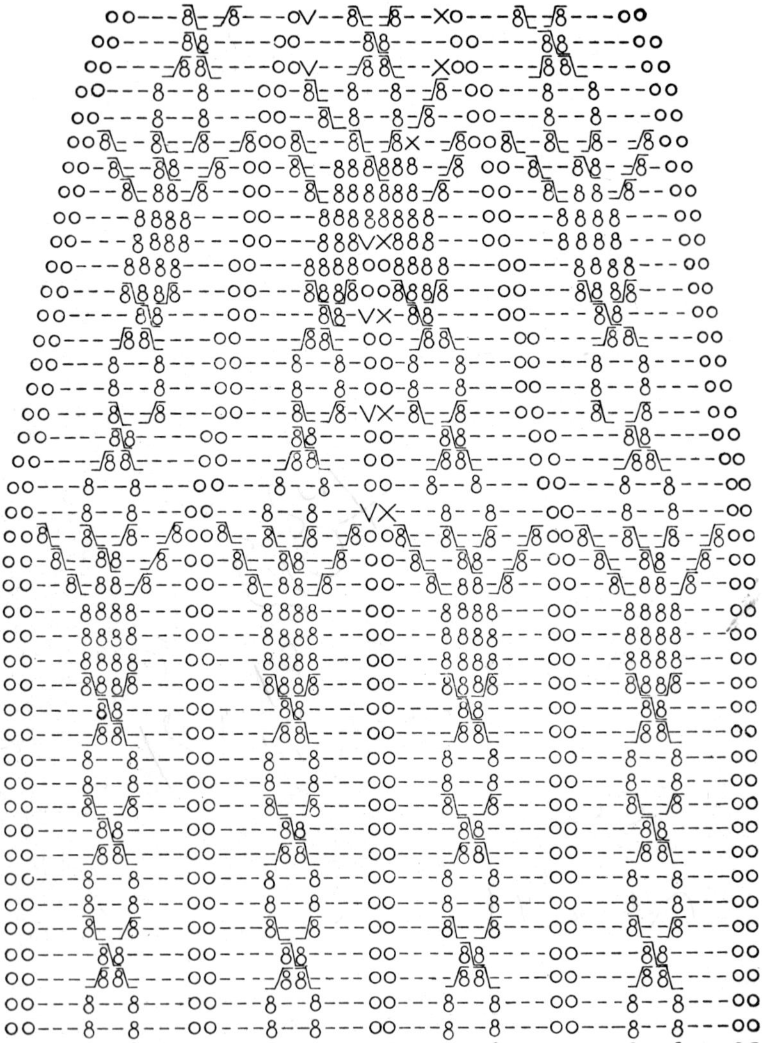

Gebirgsenzian – Wadenkeil für Frauenstrümpfe

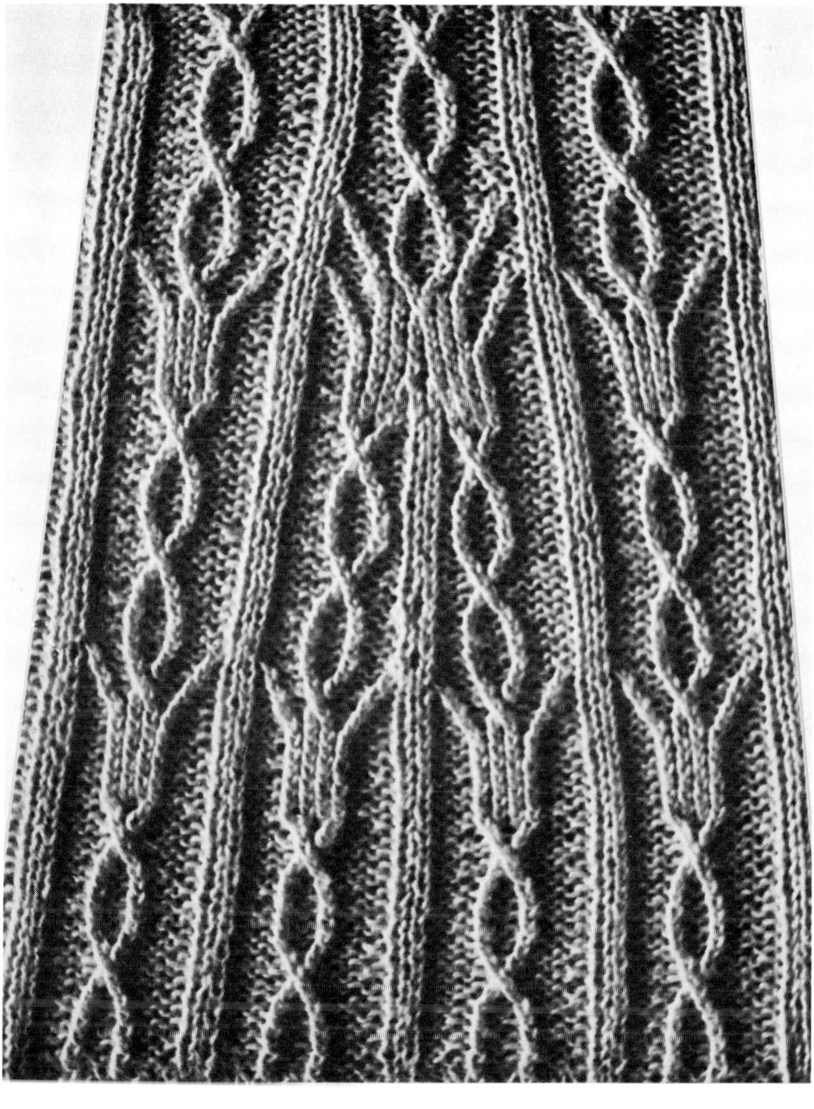

Die Abbildung zeigt nur den Wadenkeil, d.h. die Minderung, da die Länge bei jedem Strumpf anders bemessen wird.

Die verdrehte Masche als Füllmodel

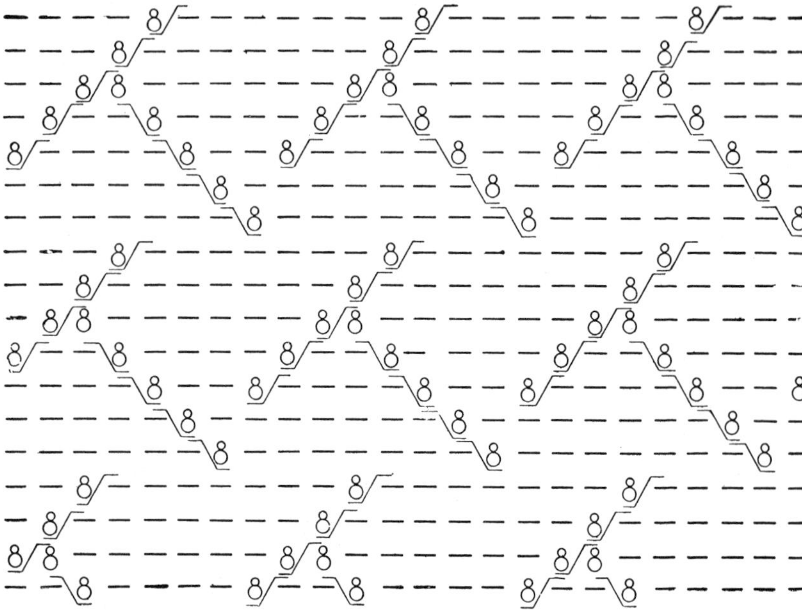

Muster wirkt sehr plastisch und eignet sich gut für Männerwesten und Pullover.

Abart des Drahdi

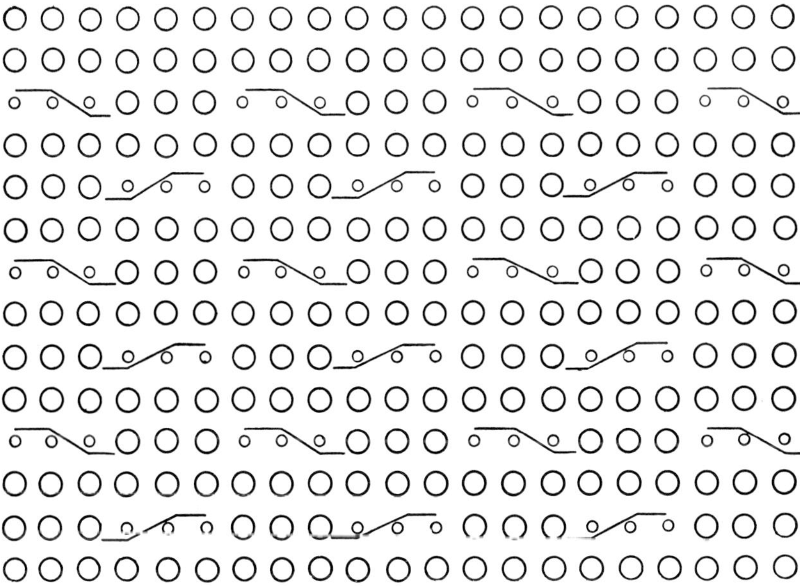

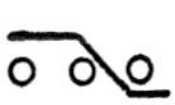
1. Rechtsmasche nach vorn auf Hilfsnadel, 2. und 3. Rechtsmasche stricken, erste Rechtsmasche stricken.

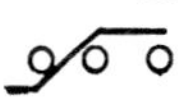
Die ersten 2 Rechtsmaschen nach hinten auf Hilfsnadel 3. Rechtsmasche stricken, Hilfsnadel abstricken.

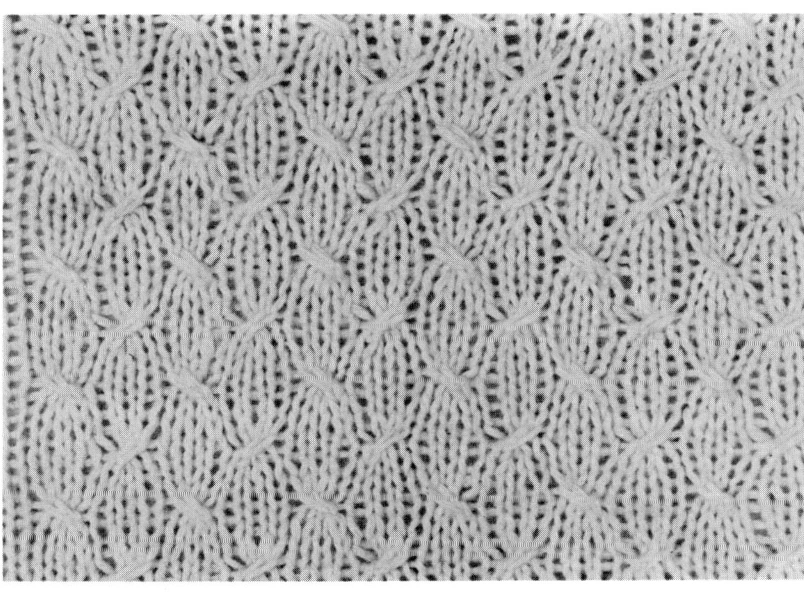

Brennende Liab und Drahdi (dreh dich)
Wadenkeil für Frauenstrümpfe

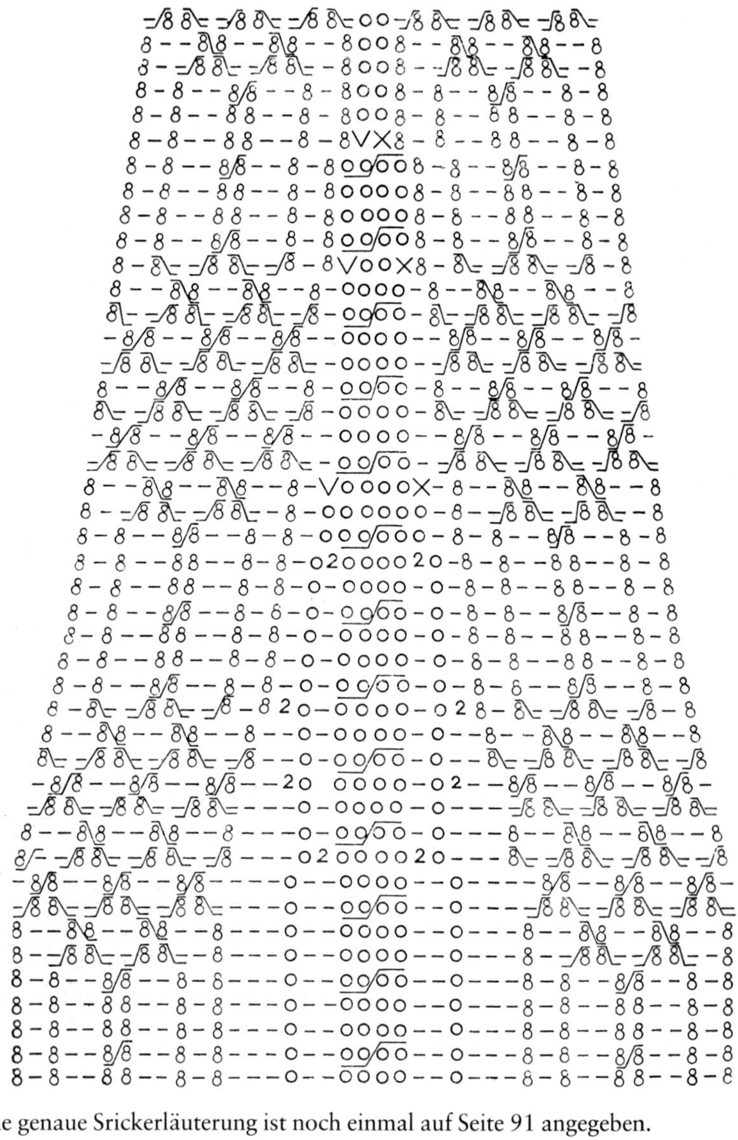

Eine genaue Srickerläuterung ist noch einmal auf Seite 91 angegeben.

Brennende Liab und Drahdi (dreh dich)

Strickanleitung siehe nebenstehend

Die Abbildung zeigt nur den Wadenkeil, d. h. die Minderung. Bevor mit einem Strumpf begonnen wird, ist es zweckmäßig zu errechnen, wieviel Linksmaschen zwischen dem Streifenmuster gestrickt werden mussen, da die Zahl der benötigten Maschen bei jedem Bein verschieden ist. Zum Ausgleich strickt man dann zwischen den Streifen mehr oder weniger Linksmaschen.

Haberkörndl im Gitter

8 — 8 — 8 — — — — — — 8 — — — — — — 8 — 8 — 8
8 — 8 — 8 — — — — — — 8 — — — — — — 8 — 8 — 8
8 — 8 — 8 — — — — — 8 — 8 — — — — — 8 — 8 — 8
8 — 8 — 8 — — — — — 8 — 8 — — — — — 8 — 8 — 8
8 — 8 — 8 — — — — 8 — 8 — 8 — — — — 8 — 8 — 8
8 — 8 — 8 — — — — 8 — 8 — 8 — — — — 8 — 8 — 8
8 — 8 — 8 — — — 8 — 8 — 8 — 8 — — — 8 — 8 — 8
8 — 8 — 8 — — — 8 — 8 — 8 — 8 — — — 8 — 8 — 8
8 — 8 — 8 — — 8 — 8 — 8 — 8 — 8 — — 8 — 8 — 8
8 — 8 — 8 — — 8 — 8 — 8 — 8 — 8 — — 8 — 8 — 8
8 — 8 — 8 — — — 8 — 8 — 8 — 8 — — — 8 — 8 — 8
8 — 8 — 8 — — — 8 — 8 — 8 — 8 — — — 8 — 8 — 8
8 — 8 — 8 — — — — 8 — 8 — 8 — — — — 8 — 8 — 8
8 — 8 — 8 — — — — 8 — 8 — 8 — — — — 8 — 8 — 8
8 — 8 — 8 — — — — — 8 — 8 — — — — — 8 — 8 — 8
8 — 8 — 8 — — — — — 8 — 8 — — — — — 8 — 8 — 8
8 — 8 — 8 — — — — — — 8 — — — — — — 8 — 8 — 8
8 — 8 — 8 — — — — — — 8 — — — — — — 8 — 8 — 8

Für Kindersachen kann das Haberkörndl auch kleiner gestrickt werden. Es wirkt dann zierlicher.

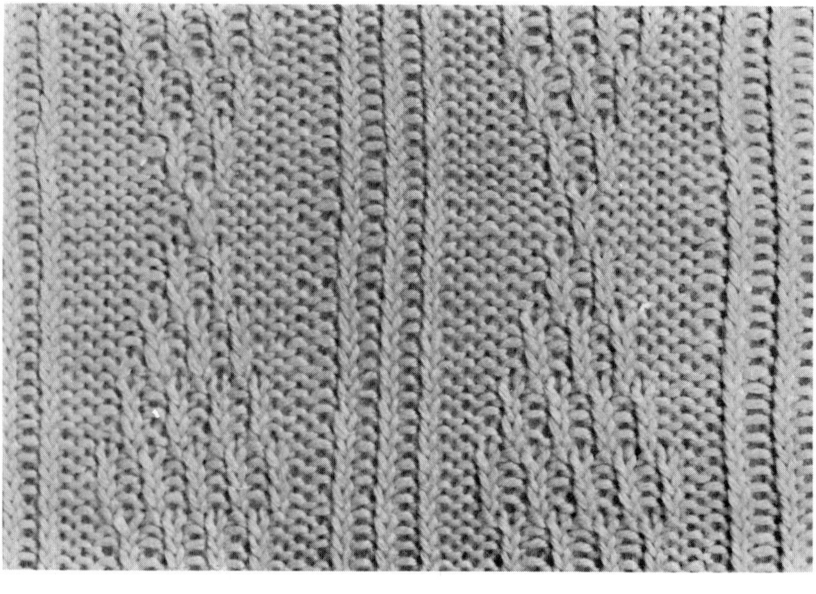

Stutzenmodl aus Haus im Ennstal (Anleitung Seite 4)

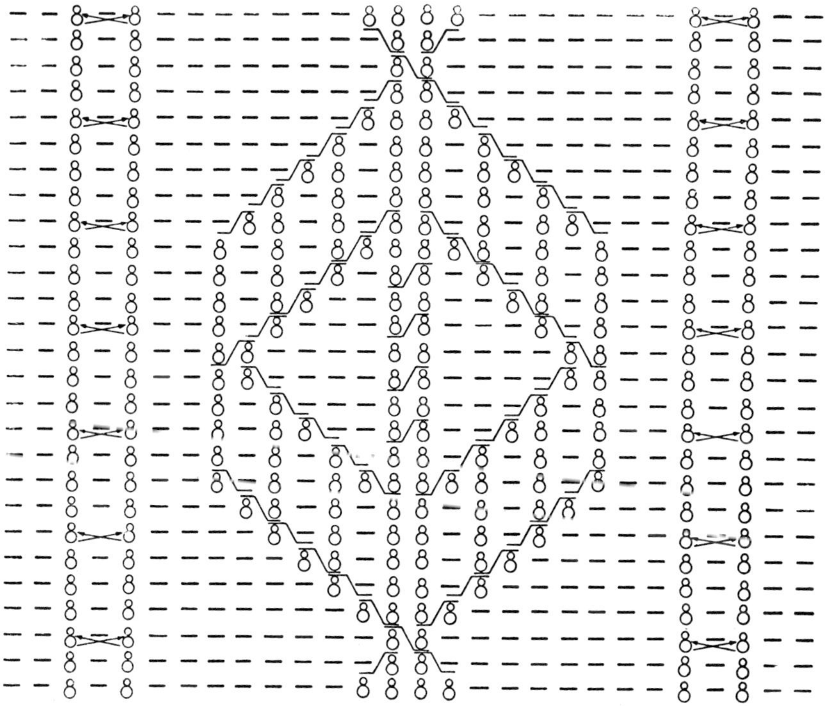

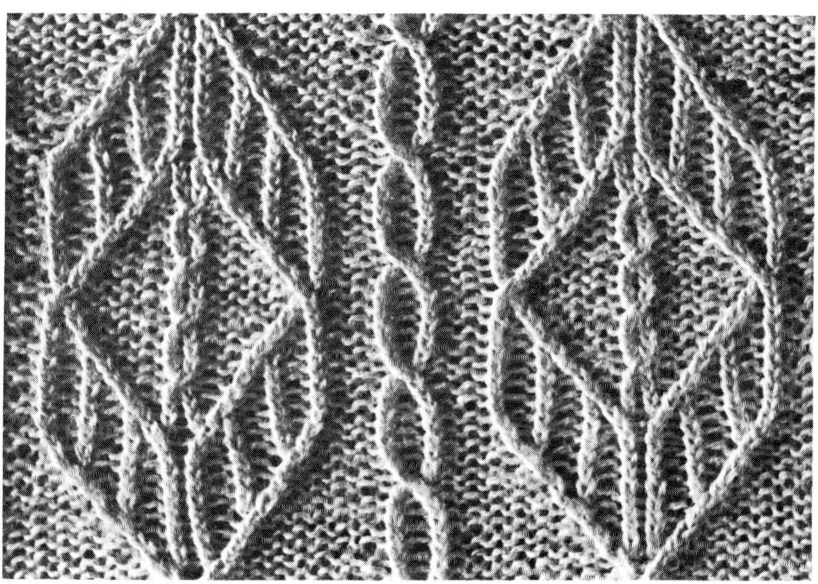

Eine besondere Abart der Fischgräte

```
---------------------O---------------------
---------------------V---------------------
⊗[O]OOOO/OOOOOOOOO/OOOOOXOOOOO/OOOOOOOOO/OOOO[O]⊘
VOOOO/OOOOOOOOO/OOOOX-VOOOO/OOOOOOOOO/OOOOX
-VOOOO/OOOOOOO/OOOOX---VOOOO/OOOOOOO/OOOOX-
--VOOO/OOOOOOO/OOOX-----VOOO/OOOOOOO/OOOX--
---VOOO/OOOOO/OOOX-------VOOO/OOOOO/OOOX---
----VOO/OOOOO/OOX---------VOO/OOOOO/OOX----
-----VOO/OOO/OOX-----------VOO/OOO/OOX-----
------VO/OOO/OX-------------VO/OOO/OX------
-------VO/O/OX---------------VO/O/OX-------
--------V/O/X-----------------V/O/X--------
----------O---------------------O----------
----------V---------------------V----------
OOOO/OOOOOXOOOOO/OOOOOOOOO/OOOOOXOOOOO/OOOO
OOOO/OOOOX-VOOOO/OOOOOOOOO/OOOOX-VOOOO/OOOO
OOO/OOOOX---VOOOO/OOOOOOO/OOOOX---VOOOO/OOO
OOO/OOOX-----VOOO/OOOOOOO/OOOX-----VOOO/OOO
OO/OOOX-------VOOO/OOOOO/OOOX-------VOOO/OO
OO/OOX---------VOO/OOOOO/OOX---------VOO/OO
O/OOX-----------VOO/OOO/OOX-----------VOO/O
O/OX-------------VO/OOO/OX-------------VO/O
/OX---------------VO/O/OX---------------VO/
/X-----------------V/O/X-----------------V/
```

Ohne Zwischenreihen stricken. Jede Nadel mustern. Stricktafel gibt Vorder- und Rückseite der Strickarbeit an (beim Flachstricken). Umgrenzte Zeichen (Einklammerung und Kreis) siehe Strickanleitung.

Strickanleitung

für den Wadenkeil Brennende Liab und Drahdi (siehe Seite 86)

Nachfolgend wird nur die Musterung genau beschrieben, alles weitere siehe Stricktafel.
Das Streifenmuster hat 12 Maschen (6 Rechtsmaschen und 6 Linksmaschen). Diese werden abwechselnd miteinander gekreuzt. Zur Erleichterung der Arbeit nimmt man eine 3. Nadel zu Hilfe (Hilfsnadel).

R = Rechtsmasche
L = Linksmasche
R n h = Rechtsmasche nach hinten auf Hilfsnadel abheben, nicht stricken
L n h = Linksmasche nach hinten auf Hilfsnadel abheben, nicht stricken
R n v = Rechtsmasche nach vorn auf Hilfsnadel abheben, nicht stricken
str. = stricken

I. Reihe

1. R str. 1. L str. 2. R str. 3. L str. 4. L str.
3. R n h 4. R str. 3. R str. 5. L str. 6. L str. 5. R str. 7. L str. 6. R str.

II. Reihe

1. R str. 1. L str.
2. R n v 2. L str. 2. R str.
3. L n h 3. R str. 4. L str.

4. R n v 4. L str. 4. R str.
5. L n h 5. R str. 5. L str.
6. L str. 6. R str.

III. Reihe

1. R str. 1. L str. 2. L str.
2. R n v 3. R str. 2. R str. 3. L str. 4. L str.
4. R n v 5. R str. 4. R str. 5. L str. 6. R str.

IV. Reihe

1. R n v 2. L str. 1. R str.
2. L n h 2. R str. 2. L str.
3. R n v 3. L str. 3. R str.

4. L n h 4. R str. 4. L str.
5. R n v 5. L str. 5. R str.
6. L n h 6. R str. 6. L str.

V. Reihe

1. L str.
1. R n h 2. R str. 1. R str. 2. L str. 3. L str.
3. R n h 4. R str. 3. R str. 4. L str. 5. L str.
5. R n h 6. R str. 5. R str. 6. L str.

VI. Reihe

1. L n h 1. R str. 1. L str.
2. R n v 2. L str. 2. R str.
3. L n h 3. R str. 3. L str.

4. R n v 4. L str. 4. R str.
5. L n h 5. R str. 5. L str.
6. R n v 6. L str. 6. R str.

VII. Reihe – siehe 3. Seite

VIII. Reihe

1. R n v   1. L str.   1. R str.
2. L n h   2. R str.   2. L str.
3. R n v   3. L str.   3. R str.
4. L n h   4. R str.   4. L str.
5. R n v   5. L str.   5. R str.
6. L n h   6. R str.   6. L str.

IX. Reihe = siehe 5. Reihe

X. Reihe = siehe 6. Reihe

XI. Reihe = siehe 3. Reihe

XII. Reihe

1. R str.   1. L str.
2. L n h   2. R str.   2. L str.
3. R n v   3. L str.   3. R str.
4. L n h   4. R str.   4. L str.
5. R n v   5. L str.   5. R str.
6. L str.   6. R str.

Auswahl aus über 300 TOPP -Titeln

Papier incl. Malen

788 Sakata, Origami
767 Gaißer, Marmorieren
714 Kühnemann, Scherenschnitte
693 Stettler, Transp. Fenstersterne
601 Gaißer, Papierbatik
664 Pfeffer, Papierbatik (Wachstechnik)
656 van Vliet, Papierfalttechnik
502 Ask, Mit Schere und Papier
503 Ask, Schneiden und kleben
650 Kühnemann, Malen Sie mal!
527 Jaxtheimer, Malen mit Ölfarben
796 Gorke, Wachskreide
671 Friedrichs, Wir malen Ikonen
826 Buttig, Blumenmotive (Block)
628 Jaxtheimer, Linolschnitt + -druck

Modellieren + formen

526 Husberg, Keramik als Hobby
787 Schiller, Figürlich modellieren
543 Kühnemann, Modellieren ohne Ton
759 Smolka, Vasen ohne Ton
793 Hettinger, Salzteig
705 Schmitz, Keramik
850 Glende, Salzteig mit Blumen
816 Täubner, Reliefhäuser
858 Kaupisch, Freizeittöpfern

Blumen – Gestecke

586 Wittkamp, Blumenstecken
607 Rohrer, Getrocknete Gartenblumen
505 Bauzen, Gepreßte Blumen
781 Rohrer, Trockenblumen, geklebt
710 Wittkamp, Trockengestecke
852 Heller, Blumenschmuck (getr.)
842 Dilger, Grabgestecke
669 Haid, Ruskusgebinde
701 Haid, Salzburger Gebinde
854 Seehuber, Ideen aus d. Chiemgau

Basteln a. Naturmaterial

713 Fleischer Peddigrohr
510 Borglund, Stroh und Binsen
663 Frischmann, Basteln mit Stroh
734 Jüngling, Strohsterne
521 Grauwiller, Holzspäne dekorativ
684 Sandtner, Bast kreativ + praktisch
820 Frischmann, Nuß- und Zapfenbuch
818 Weiß, Basteln für Naturfreunde
546 Kühnemann, Steine, geklebt
703 Rensing, Basteln mit Körnern
641 v. Stetten, Mit Würzigem basteln

Holz incl. Bauernmalerei

585 Wilhelm, Drechseln für jedermann
528 Jeep, Kerbschnitzen
524 Hoppe, Schnitzen in Holz
698 Friedrichs, Laubsägen
525 Adam, Intarsien
553 Lumm, Brandmalerei
642 Lumm, Brandmalkunst
653 Bastian, Bastelhölzer
632 Weiß, Basteln m. Wäscheklammern
718 Lumm, Volkskunst Bauernmalerei
530 Kühnemann, Bauernmalerei
531 –, Bauernmalerei, Entwürfe
659 Kuhn, Wandteller – Vorlagen
738 Stegmaier, Spanschachteln-Vorl.
660 Ziegler, Blumenmalerei-Vorlagen
785 Gratzl, Milchkannen etc., Vorlagen
841 Stegmaier, Truhen etc., Vorlagen
846 Hüschens, Bauernmalerei-Wandbild

Glas bearbeiten

702 Brunner, Glasritzen
815 Mainer, Glasgravieren
777 Kühnemann, Glasätzen
779 Haid, Spiegel, versch. verziert
709 Brunner, Glasritzen – Vorlagen
765 Kühnemann, 181 Motive Glasritzen
766 Lumm, Glasritzschule / Vorlagen
700 Kühnemann, Glasätzen / Vorlagen
612 Khan-Leonhard, Hinterglasmalerei
760 Gratzl, Hinterglasmalerei, Mappe 3
770 Stegmaier, Hinterglasmal., Mappe 4
647 Reinhardt, Transp. Glasmalerei
804 Pratsch, Glasbilder n. Tiffany
855 Pratsch, Lampen in Tiffany-Technik
803 Lumm, Porzellan-Malschule

Metall und ähnliches

548 Neumann, Metalldrücken
658 Göhs, Galvanisieren
751 Meidenbauer, Zinnfiguren
707 Kuhn, Wischmetalltechnik I
590 Zechlin, Emaillieren, ein Hobby
560 Reinhardt, Besser Emaillieren

Textiles Werken

638 Wisser, Spinnen als Hobby
727 Gerndt, Webstuhl, selbst gebaut
675 Kühnemann, Weben – Einführung
603 Holzklau, Brettchenweberei
692 Riedl, Bildweben mit Kindern
670 Lange, Gobelin-Weben
736 Wenzelburger, Weben a. Spannformen
844 Lochbühler, Lampen, gewebt
807 Lochbühler, Rohwolle verfilzen
840 Peltola, Stricken, Grundtechniken
832 Frankl, 124 Strickmuster
511 Buchwald, Hüttensocken
611 Zechlin, Wollreste
509 Buchwald, Strickmühle
808 Fausel, Häkeln – ein Lehrgang
775 Stradal, Ringhäkelei
746 Ondori, Häkeln dekorativ
836 Ondori, Feine Filet-Häkeldecken
789 Lewis, Gestickte Mustertücher
639 Spandl, Kreuzstich
774 Gombert, Schwälmer Weißstickerei
809 Vorländer, Häkeln fürs Fenster
753 Krieger Straub, Filet-Mappe 2
744 Bellon, Klöppeln – ein Lehrgang
839 Bellon, Klöppeln – Mappe 3
791 Graff-Höfgen, Occhi, Einführung
810 Glende, Applikationen
756 Fausel, Collagen aus Stoff + Garn
717 Rensing, Spitzen-Collagen
783 Neuhold, Patchwork, wattiert
697 Grauwiller, Filz dekorativ
851 Trossen, Kissen-Ideen
740 Dilger, Blüten aus Strumpfgewebe
719 Schimmelpfennig, Seidenblumen
790 Dilger, Stoff-Blumen

Makramee

674 Walz, Blumenampeln
715 Fausel, Makramee-Tierchen
805 Fausel, Makramee f. alle Jahresz.
694 Wenzelburger, Makramee-Lampen
722 Walz, Mit Makramee schöner wohnen
704 Trossen, Makramee-Wandbehänge
754 –, Makramee – Modische Kleidung
673 Lentz, Makramee-Variationen

Stoffe färben + bemalen

546 Kühnemann, Stoffbemalen
769 Digne, Auf Seide malen
849 Kühnemann, Seidenmalerei
812 –, Seidenmalerei – Vorlagen
557 Mühling, Das Batik-Buch
633 Wildschütte, Batiken, Lehrgang
610 Krauss, Textile Miniaturen

Puppen

662 Dvorak, Puppen selbstgemacht
776 Wittke, Gestrickte Handspiel-Puppen
755 Kratzenstein, Hand-Puppen
801 Roll, Pupp. aus Waschhandschuhen
853 Heinrich, Puppen aus Rupfen
733 Krummrich, Maskottchen
680 Becker, Marionetten

Weihnachten / Ostern

743 Wurst, Adventskalender
640 Wittkamp, Adventsgestecke
696 Dilger, Weihnachtsschmuck
731 Kühnemann, Weihnachtszeit
845 Dilger, Basteln f. Weihnachts-Basar
728 Rensing, Krippenfiguren basteln
730 Frischmann, Fig. f. Weihn.-Krippe
843 Walz, Weihnachtliches aus Stroh
716 Dilger, Osterbasteleien
802 v. Hennet, Ostereier - Osterschmuck

Verschiedenes

797 Zechlin, Kleine Geschenke
784 Zimmermann, Perlen
718 Becker, Panflöte bauen + spielen
735 Friedrichs, Laternen
688 Egen, Kork kreativ basteln
747 Dilger, Basteln mit Wachs
566 Sadoune, Fadenspannbilder
699 Hohmeister, Genähte Fadenbilder
822 Sterzer, Bemalte Mülltonnen
741 Beckmann, Windmühlen + Windvögel
556 Michaeli-Achmühle, Gartenteiche
794 v. Sengbusch, Feldbackofen
514 Egen, Sonnenuhren
723 Beckmann, Skulpturen aus Ytong
593 Zimmermann, Festl. Tischdekoration

Textiles Werken in der TOPP-Reihe

Best.-Nr. 860

Mit Hilfe dieses Buches ist die interessante Technik leicht zu erlernen. Es vermittelt die nötige Materialkenntnis, gibt eine umfassende Anleitung und stellt viele schöne Muster vor. Kein Problem, auch eigene Entwürfe auf Karopapier zu skizzieren.
48 Seiten, viele Farbfotos, Diagramme und Zeichnungen.

Best.-Nr. 832

Die Freude am Stricken, wie an jedem anderen aktiven Hobby, wächst mit der Vielfalt dessen, was wir beherrschen. Mit diesem 1. Band der Strickmuster schuf Gerda Frankl ein Kompendium von Möglichkeiten, das von Anfängern und Erfahrenen begeistert aufgenommen wurde. Darum gibt es jetzt die Fortsetzung davon.
112 Seiten, 107 Fotos, viele Diagramme.

›est.-Nr. 809

‹eim Filethäkeln werden Gittermuster und ‹otiv in einem Arbeitsgang gehäkelt: tech‹isch eine einfache Sache! Hier geht es um ‹ie Ausgestaltung der Fenster durch das ‹ilethäkeln. Reizvoll: Die Arbeit wirkt bei ‹en ständig wechselnden Lichtverhältnis‹en ganz unterschiedlich.
‹8 Seiten, 47 Farbfotos, viele Diagramme.

Best.-Nr. 856

Wie andere textile Techniken erfreut sich auch Kunststricken wachsender Beliebtheit. Die Autorin führt über einfache Ajour-Strickarbeiten an das Kunststricken heran. Dann werden Bordüren, Kissenbezüge, Deckchen, Fensterbilder und vieles mehr geschaffen.
48 Seiten, 62 Farbfotos, viele Diagramme.

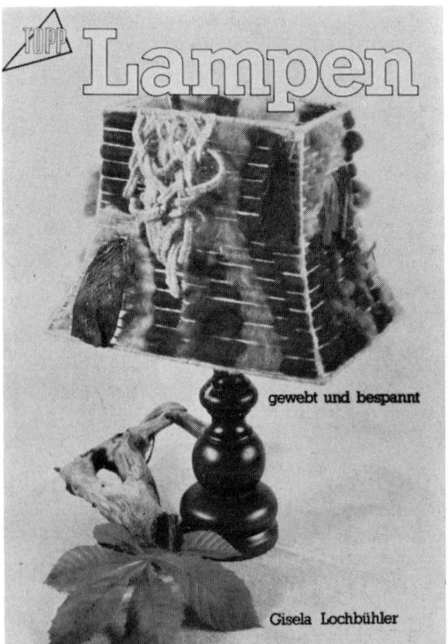

Best.-Nr. 844

Ein Buch mit sehr niveauvollen Vorschlägen für das Bespannen von Lampenschirmen, meist mit Rohwolle. Die Anleitungen sind ausführlich. Herrlich die Farbfotos der fertigen Stücke! Das Thema liegt im Trend: In der Feizeit Werte schaffen, die uns das Wohnen und die Freizeit verschönern.
48 Seiten, viele Farbfotos.

Best.-Nr. 863

Der Erfolg ihres Buches „Gestrickte Hand spiel-Puppen“ ermunterte die Autorin, sicl nun den Tieren zuzuwenden. Die Farbfoto machen Lust, sich bald einen kleinen Hand spiel-Zoo zuzulegen. Die Anleitungen sinc sehr ausführlich und mit vielen Skizzei illustriert.
48 Seiten, viele Farbfotos und Zeichnungen